Hallo Kinder,
ich bin Coco, dein Mathe-Trainer, und will dir helfen, alle Aufgaben genau zu verstehen.
Manchmal gebe ich dir auch Tipps!

Wir reisen ins Land der großen Zahlen, der Formen und Größen!
Mit vielen spannenden und spaßigen Übungen zum Denken, Knobeln und Malen wirst du bald ein echter Profi.
Komm mit und lass uns zusammen die Zahlenwelt bis 1000 entdecken!
Auf geht's!

Aufgaben mit 👑 sind ein bisschen schwieriger. Wie gut du dich schon auskennst, zeigen dir die Tests zwischendurch.

Alle Lösungen mit Erklärung kannst du aus der Heftmitte herausnehmen. Viel Spaß!

1 Male das Muster fertig wie ein Spiegelbild.

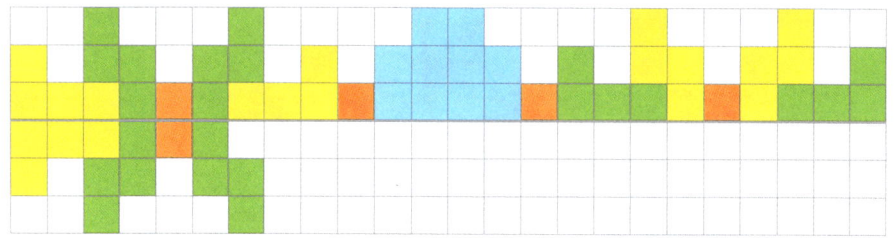

Zählen und rechnen bis 100

2 Stücke aus dem Hunderterfeld: Welche Zahlen fehlen hier?

Finde die Zahlen und fülle alles fertig aus!

3 Rechnen mit Zehnerübergang: Plusaufgaben und ...

$39 + 6 \quad = \underline{}$

$39 + 1 + 5 = \underline{}$

$67 + 7 \quad = \underline{}$

$\underline{} + \underline{} \quad = \underline{}$

$56 + 17 \quad = \underline{}$

$56 + 10 + 7 = \underline{}$

$34 + 26 \quad = \underline{}$

$\underline{} + \underline{} \quad = \underline{}$

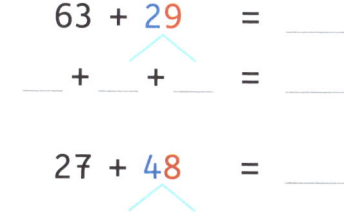

Rechne in zwei Schritten!

$48 + 4 \quad = \underline{}$

$\underline{} + \underline{} \quad = \underline{}$

$55 + 9 \quad = \underline{}$

$\underline{} + \underline{} \quad = \underline{}$

$63 + 29 \quad = \underline{}$

$\underline{} + \underline{} \quad = \underline{}$

$27 + 48 \quad = \underline{}$

$\underline{} + \underline{} \quad = \underline{}$

4 ... Minusaufgaben

$42 - 7 \quad = \underline{}$

$42 - 2 - 5 = \underline{}$

$33 - 5 \quad = \underline{}$

$\underline{} - \underline{} \quad = \underline{}$

$56 - 17 \quad = \underline{}$

$56 - 10 - 7 = \underline{}$

$34 - 26 \quad = \underline{}$

$\underline{} - \underline{} \quad = \underline{}$

$56 - 8 \quad = \underline{}$

$\underline{} - \underline{} \quad = \underline{}$

$74 - 9 \quad = \underline{}$

$\underline{} - \underline{} \quad = \underline{}$

$63 - 29 \quad = \underline{}$

$\underline{} - \underline{} \quad = \underline{}$

$87 - 78 \quad = \underline{}$

$\underline{} - \underline{} \quad = \underline{}$

5 Tauschaufgaben mit **+**: Das Ergebnis bleibt gleich!
Manchmal ist die Aufgabe leichter, wenn du die Zahlen tauschst.

$5 + 12 = 17$

$12 + 5 = \underline{}$

$4 + 28 = \underline{}$

$28 + \underline{} = \underline{}$

$6 + 56 = \underline{}$

$\underline{} + \underline{} = \underline{}$

$7 + 34 = \underline{}$

$\underline{} + \underline{} = \underline{}$

$9 + 69 = \underline{}$

$\underline{} + \underline{} = \underline{}$

$8 + 72 = \underline{}$

$\underline{} + \underline{} = \underline{}$

$16 + 22 = \underline{}$

$\underline{} + \underline{} = \underline{}$

$31 + 54 = \underline{}$

$\underline{} + \underline{} = \underline{}$

$17 + 46 = \underline{}$

$\underline{} + \underline{} = \underline{}$

6 Umkehraufgaben: Das Rechenzeichen ändert sich!

$25 + 3 = 28$

$28 - 3 = 25$

$45 + 6 = 51$

$51 - 6 = \underline{}$

$76 + 9 = \underline{}$

$\underline{} - 9 = \underline{}$

$70 - 3 = \underline{}$

$\underline{} + 3 = \underline{}$

$31 - 7 = \underline{}$

$\underline{} + \underline{} = \underline{}$

$84 - 8 = \underline{}$

$\underline{} + \underline{} = \underline{}$

$21 + 45 = \underline{}$

$\underline{} - \underline{} = \underline{}$

$63 + 16 = \underline{}$

$\underline{} - \underline{} = \underline{}$

$99 - 66 = \underline{}$

$\underline{} + \underline{} = \underline{}$

7 Rechenräder

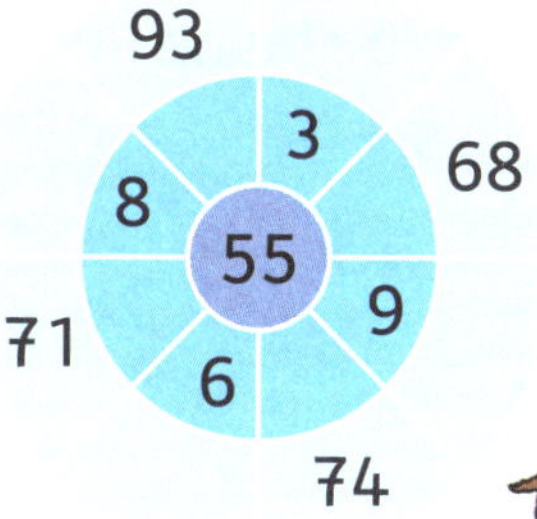

93

29 4
19   5
  14
18   6
17 7

3
8   68
  55
71   9
  6
74

> Rechne **+** von innen nach außen!

8 Rechenmauern

> Immer **2 Bausteine** nebeneinander ergeben zusammen die **Zahl darüber**!

34
24 | 10 | 35

5 | 34 | 26

75
50
15

42
4 | 10

17 | 65
9

👑
20
9
3 | 4

100
55
36 | 26
25 | 18

9 Pfeilaufgaben: Ergänze die fehlenden Zahlen.

$$34 \xrightarrow{+9} \mathbf{43} \xrightarrow{-27} \underline{\quad} \xrightarrow{+56} \underline{\quad} \xrightarrow{-22} \underline{\quad}$$

👑
$$\underline{\quad} \xrightarrow{-6} 49 \xrightarrow{+} 65 \xrightarrow{-} 14 \xrightarrow{+36} \underline{\quad}$$

Einmaleins

10 Malaufgaben: Schreibe beide Rechnungen (Tauschaufgaben).

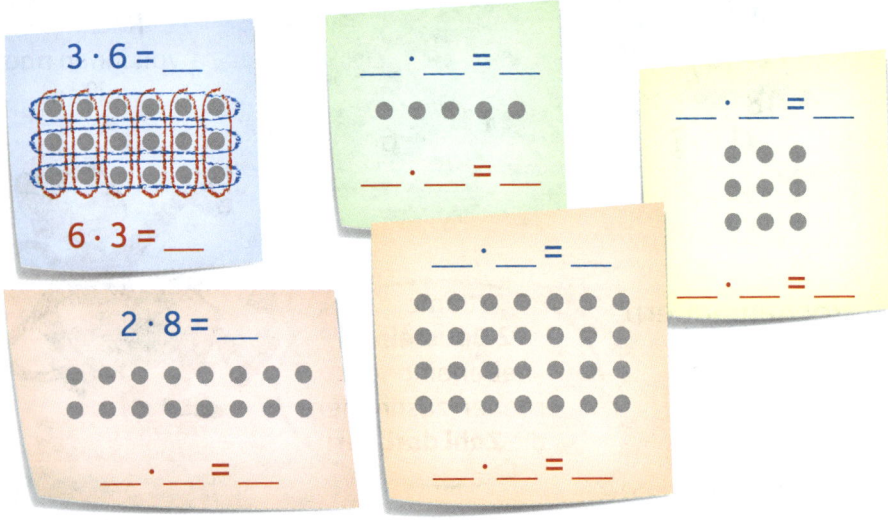

11 Ergänze die Rechnungen und Ergebnisse zum Einmaleins.

$1 \cdot 5 = \underline{}$	$1 \cdot 8 = \mathbf{8}$	$1 \cdot 4 = \underline{}$	$1 \cdot 7 = \underline{}$
$2 \cdot 5 = \underline{}$	$2 \cdot 8 = \underline{}$	$2 \cdot 4 = \underline{}$	$\underline{} \cdot \underline{} = \underline{}$
$3 \cdot 5 = \underline{}$	$3 \cdot 8 = \underline{}$	$3 \cdot \underline{} = \underline{}$	$\underline{} \cdot \underline{} = \underline{}$
$4 \cdot 5 = \underline{}$	$4 \cdot 8 = \underline{}$	$4 \cdot \underline{} = \underline{}$	$\underline{} \cdot \underline{} = \underline{}$
$5 \cdot 5 = \underline{}$	$5 \cdot \underline{} = \underline{}$	$\underline{} \cdot \underline{} = \underline{}$	$\underline{} \cdot \underline{} = \underline{}$
$6 \cdot 5 = \underline{}$	$6 \cdot \underline{} = \underline{}$	$\underline{} \cdot \underline{} = \underline{}$	$\underline{} \cdot \underline{} = \underline{}$
$7 \cdot 5 = \underline{}$	$7 \cdot \underline{} = \underline{}$	$\underline{} \cdot \underline{} = \underline{}$	$\underline{} \cdot \underline{} = \underline{}$
$8 \cdot 5 = \underline{}$	$8 \cdot \underline{} = \underline{}$	$\underline{} \cdot \underline{} = \underline{}$	$\underline{} \cdot \underline{} = \underline{}$
$9 \cdot 5 = \underline{}$	$9 \cdot \underline{} = \underline{}$	$\underline{} \cdot \underline{} = \underline{}$	$\underline{} \cdot \underline{} = \underline{}$
$10 \cdot 5 = \underline{}$	$10 \cdot \underline{} = \underline{}$	$10 \cdot \underline{} = \underline{}$	$\underline{} \cdot 7 = \underline{}$

12 Baue Einmaleins-Türme von unten auf.

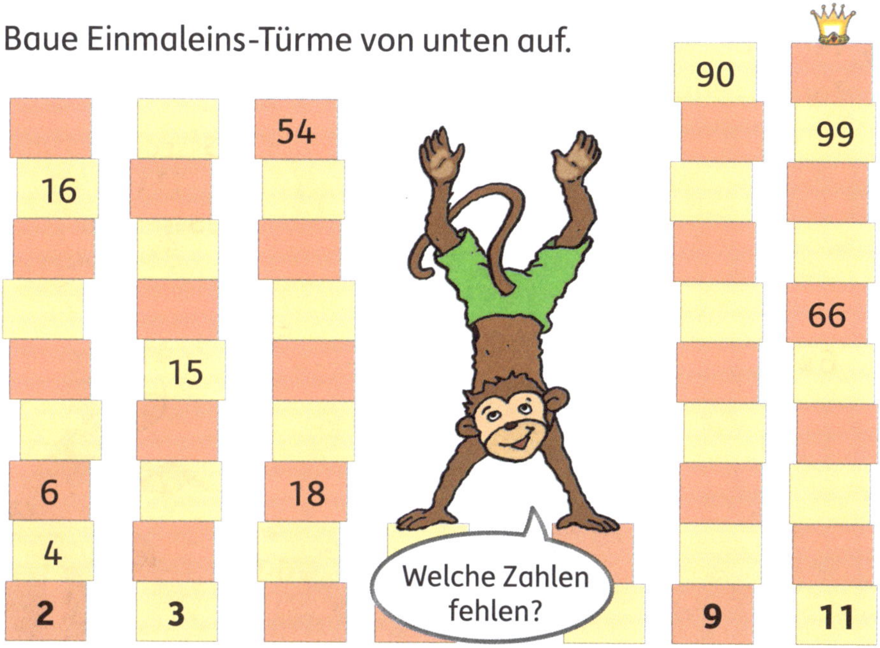

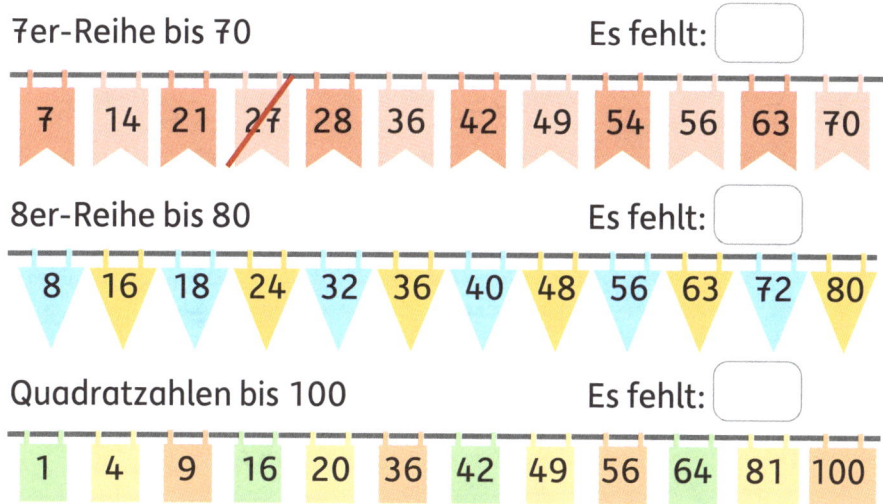

Welche Zahlen fehlen?

			90	🤴
		54		99
16				
				66
	15			
6		18		
4				
2	3		9	11

13 Streiche **alle** falschen Zahlen durch. Welche Zahl fehlt?

7er-Reihe bis 70　　　　　　　　Es fehlt: ☐

7　14　21　2̶7̶　28　36　42　49　54　56　63　70

8er-Reihe bis 80　　　　　　　　Es fehlt: ☐

8　16　18　24　32　36　40　48　56　63　72　80

Quadratzahlen bis 100　　　　　　Es fehlt: ☐

1　4　9　16　20　36　42　49　56　64　81　100

Als Tipp ein Beispiel: **3·3 = 9** → 9 ist eine Quadratzahl

7

14 Verbinde: von jeder roten Zahl zu einer oder zwei grünen Zahlen, durch die die rote Zahl teilbar ist.

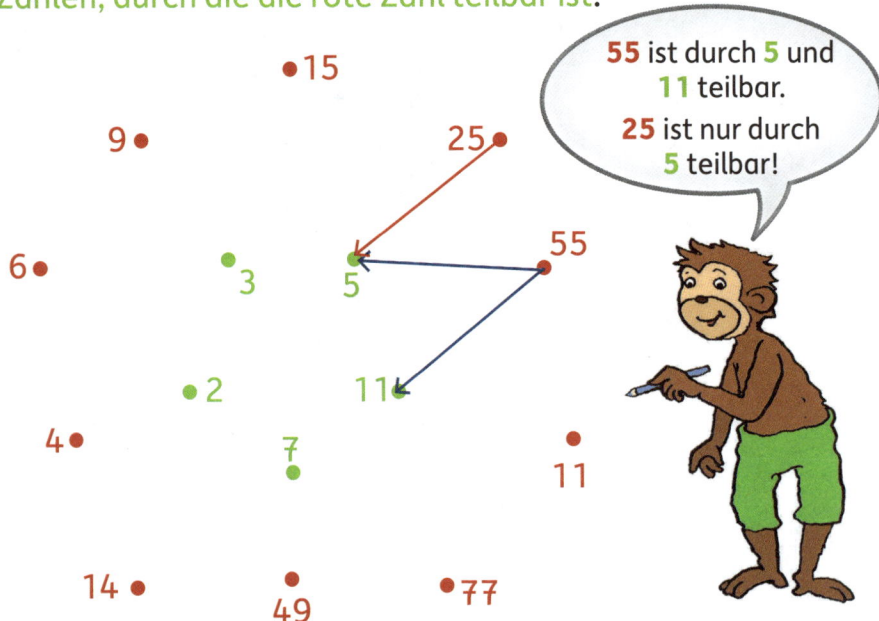

55 ist durch 5 und 11 teilbar. 25 ist nur durch 5 teilbar!

15 Schaffst du alle Aufgaben fehlerfrei **in 5 Minuten**?

$6 \cdot 5 =$ ____ $56 : 8 =$ ____ $23 : 7 =$ ____ R ____

$3 \cdot 5 =$ ____ $72 : 9 =$ ____ $29 : 7 =$ ____ R ____

$3 \cdot 8 =$ ____ $36 : 4 =$ ____ $32 : 5 =$ ____ R ____

$6 \cdot 8 =$ ____ $36 : 6 =$ ____ $32 : 6 =$ ____ R ____

$4 \cdot 6 =$ ____ $35 : 7 =$ ____ $37 : 4 =$ ____ R ____

$7 \cdot 4 =$ ____ $32 : 8 =$ ____ $65 : 8 =$ ____ R ____

$7 \cdot 8 =$ ____ $18 : 3 =$ ____ $65 : 7 =$ ____ R ____

$9 \cdot 9 =$ ____ $45 : 5 =$ ____ $74 : 8 =$ ____ R ____

16 Rechenbefehle (Pfeilaufgaben) mit · und :

· 6		: 4		· 9		: 3	
3	**18**	12		2		9	
5		20		6		15	
7		28		7		24	
9		36		8		27	
10		40		9		33	

17 Finde die Umkehraufgabe! Rechne und verbinde.

$7 \cdot 3 =$ __	$42 : 7 =$ __	$8 \cdot 6 =$ __	$27 : 3 =$ __	$4 \cdot 8 =$ __

$6 \cdot 7 =$ __	$21 : 3 =$ __	$48 : 6 =$ __	$32 : 8 =$ __	$9 \cdot 3 =$ __

18 Drei Zahlen für vier Rechnungen. Ergänze.

6	4	24

$6 \cdot 4 = 24$
$4 \cdot 6 =$ __
$24 : 6 =$ __
$24 : 4 =$ __

7	5	

$7 \cdot 5 =$ __
__ $\cdot$ __ $=$ __
__ $:$ __ $=$ __
__ $:$ __ $=$ __

8		40

$8 \cdot$ __ $= 40$
__ $\cdot$ __ $=$ __
__ $:$ __ $=$ __
__ $:$ __ $=$ __

19 Pauline sucht im Herbst jeden Tag die 6 schönsten Blätter, die sie finden kann. Nach vier Tagen hat sie genug, um mit Lena und Marie lustige Blättertiere aufzukleben. Jedes Mädchen bekommt dann genau gleich viele Blätter.

a Wie viele Blätter hat Pauline gesammelt?

R: _____

A: _____

b Wie viele Blätter bekommt jede?

R: _____

A: _____

20 Leo ist 3 Jahre älter als sein Bruder Tim. Mutter ist jetzt genau viermal so alt wie Leo und sechsmal so alt wie Tim. Vater ist 40 und damit 4 Jahre älter als Mutter. Wie alt ist jeder einzelne von ihnen?

R:

Vater: ____ Jahre   Mutter: ____ Jahre

Leo: ____ Jahre   Tim: ____ Jahre

Vater   Mutter

Leo   Tim

Test 1: Rechnen bis 100 und Einmaleins

1 Rechne aus. Bilde auch die Umkehraufgabe.

$42 + 36 =$ ___ $\qquad$ $27 + 19 =$ ___ $\qquad$ $84 - 56 =$ ___

___ $-$ ___ $=$ ___ $\qquad$ ___ $-$ ___ $=$ ___ $\qquad$ ___ $+$ ___ $=$ ___

◯ /3

2 Löse die Pfeilaufgabe.

$56 \xrightarrow{+} 85 \xrightarrow{-77}$ ___ $\xrightarrow{\cdot 5}$ ___

◯ /3

3 Durch welche Zahlen ist 18 teilbar? Und 24? Finde jeweils vier Möglichkeiten!

Teiler von 18:				
Teiler von 24:				

◯ /8

4 Welche Zahl musst du mit 7 malnehmen, um 56 zu erhalten?

Die Zahl heißt: ___ $\qquad$ ___ $\xrightarrow{\cdot 7}$ ___

◯ /3

5 Mona teilt mit 4 Freunden ihre Bonbons, ohne dass ein Rest übrig bleibt. Es sind mehr als 20, aber weniger als 30 Bonbons. Wie viele Bonbons sind es insgesamt?

R: _____

A: _____

(Die Lösungen des Tests findest du am Ende des Lösungsteils.)

Gesamt:

◯ /3

◯ /20

Zahlen bis 1000

21 Trage die passenden Zahlen in die Luftballons ein und ...

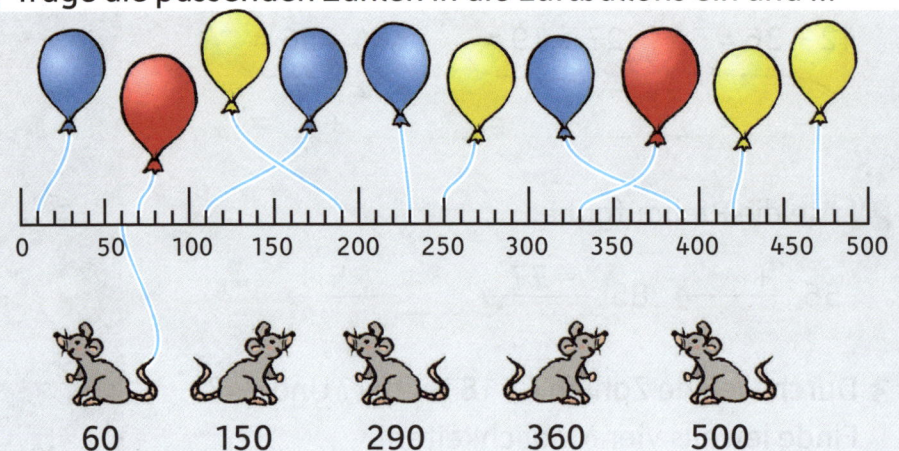

22 Kleine und große Nachbarn

Nachbar**einer**

214	215	216
	568	

	307	
	699	

	800	
	730	

Nachbar**zehner**

520	524	530
	962	

	437	
	118	

	391	
	506	

Nachbar**hunderter**

300	344	400
	621	

	737	
	491	

	940	
	819	

... verbinde die Mäuseschwänze mit der richtigen Stelle.

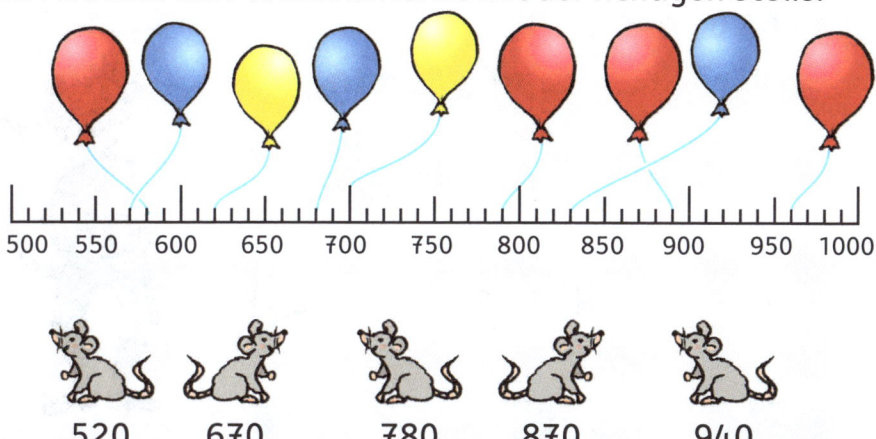

23 Vergleiche: kleiner (<), größer (>) oder gleich (=)?

120 (<) 210   620 ( ) 260   323 ( ) 323   918 ( ) 891

670 ( ) 706   899 ( ) 989   890 ( ) 809   621 ( ) 612

24 Ordne die Zahlen der Größe nach.
Beginne mit der kleinsten Zahl. Finde das Lösungswort.

481	678	321	123	876	418	312	590	509
S	A	S	O	T	T	B	L	A

123 < 312 < ____ < ____ < ____ < ____ < ____ < ____ < ____
O

25 Welche Zahlen sind es?

T	H	Z	E
1	0	0	0

H	Z	E
2	3	3

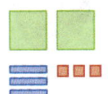

H	Z	E

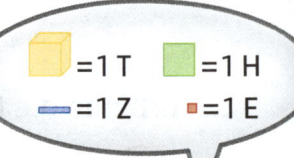

H	Z	E

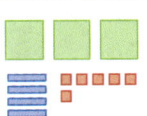

H	Z	E

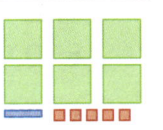

H	Z	E

1000

H	Z	E

H	Z	E

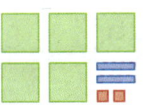

H	Z	E

H	Z	E

H	Z	E

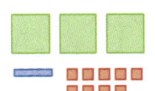

H	Z	E

H	Z	E

H	Z	E

26 Zeichne die Zahl mit Punkten in die Stellenwerttafel.

H	Z	E
•••		
360		

H	Z	E
517		

H	Z	E
802		

27 Pia legt die Zahl 682. Paul legt ein Plättchen dazu.
Welche 3 Zahlen können es sein? Zeichne und schreibe sie.

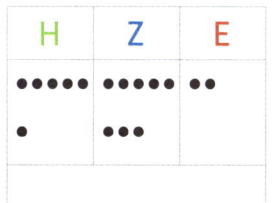 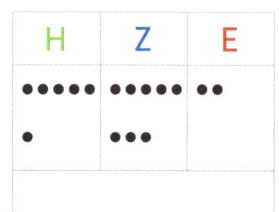 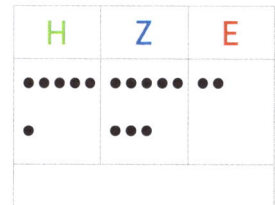

H	Z	E
••••• •	••••• •••	••

H	Z	E
••••• •	••••• •••	••

H	Z	E
••••• •	••••• •••	••

28 Zahlwort – Stellenwerte – Zahlzerlegung

Wort	H	Z	E	Zerlegung
dreihundertsechsundsiebzig	3	7	6	300 + 70 + 6
fünfhundertzweiunddreißig	5			500 + +
achthundertfünfundvierzig				
sechshundertsiebzehn				
neunhundertvierundzwanzig				
zweihunderteinundsiebzig				
siebenhundertdrei				
vierhundertzwölf				

29 Ausschnitte aus **verschiedenen** Hunderterfeldern: Welche Zahlen fehlen? Ergänze sie.

201	202	
211		
221		

567			

333

		978	
			989

444

466

30 Finde die Fehler.

Streiche falsche Zahlen durch. **Achtung**: Es können auch zwei sein!

	132	
141	142	143
	~~144~~	

	712	
721	217	271
	732	

	341	
351	352	353
	362	

808	888	810
809	819	820
828	829	830

401	402	403
411	412	413
422	422	423

622	632	624
623	633	634
642	643	644

31 Punktebild – Verbinde die Zahlen von 930 bis 1000
in 2er-Schritten: 930 – 932 – 934 ...

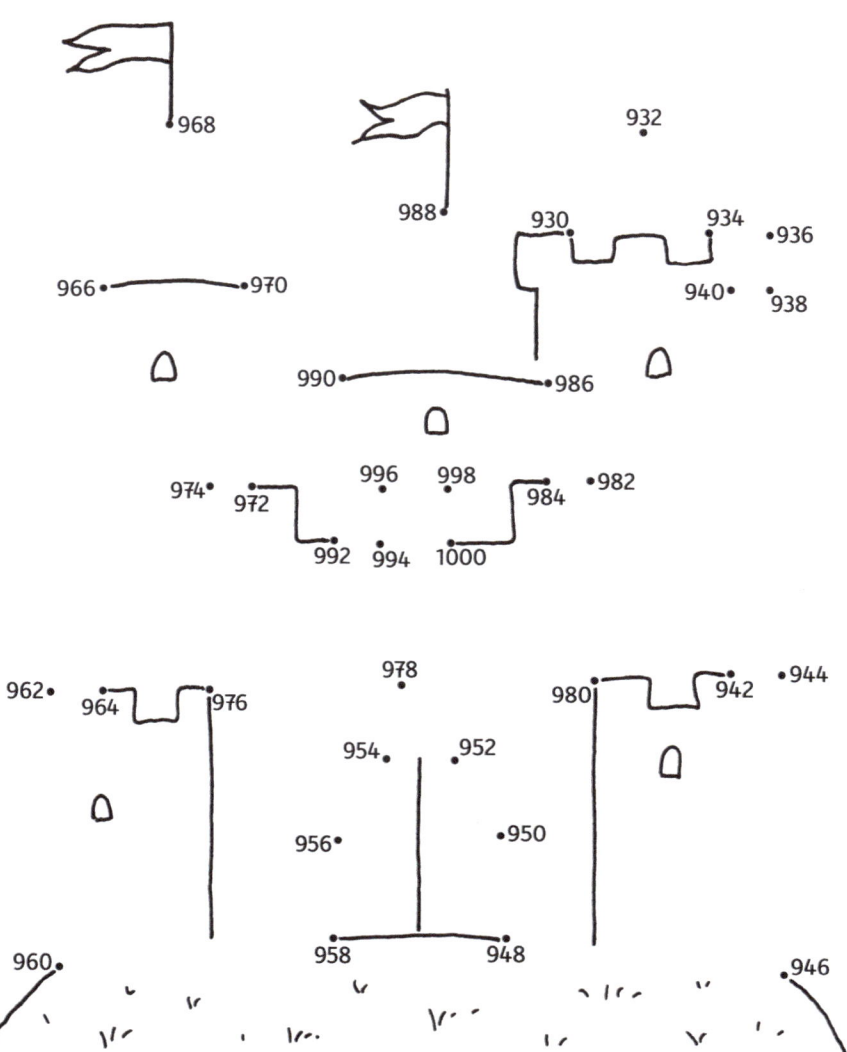

32 Zahlenreihen: Wie geht es weiter?

200	250	300	___	___	___	___	___	600
801	821	841	___	___	___	___	___	961
415	410	405	___	___	___	___	___	375

 550 540 640 630 ___ ___ ___ ___ 910

Du weißt nicht weiter?
In der Lösung findest du die Regeln zu den Zahlenreihen.

33 Zahlenrätsel für 1000er-Profis

Es ist die größte Zahl mit drei Ziffern.

Die Zahl heißt: ___.

Meine Zahl liegt zwischen 200 und 300. Sie hat drei gleiche Ziffern.

Die Zahl heißt: ___.

Meine Zahl ist doppelt so groß wie 200 und halb so groß wie 800.

Die Zahl heißt: ___.

Meine Zahl hat 8 H und halb so viele Z, aber keine E.

Die Zahl heißt: ___.

Zu schwer? In der Lösung findest du Tipps, die dir helfen können.

Test 2: Zahlen bis 1000

1 Beschrifte die Luftballons.

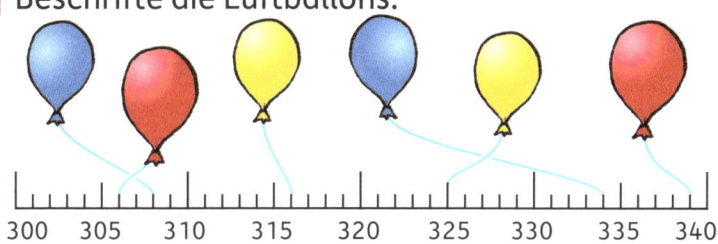

300 305 310 315 320 325 330 335 340

◯ /6

2 Ordne von der kleinsten bis zur größten Zahl.

617 671 167 677 607 176

____ < ____ < ____ < ____ < ____ < ____

◯ /6

3 Zeichne die Zahlen mit Punkten.

H	Z	E
285		

H	Z	E
704		

H	Z	E
426		

◯ /3

4 Setze die Zahlenreihen fort.

300 350 400 ___ ___ ___ ___ ___ 700

920 910 905 895 890 ___ ___ ___ 860

◯ /2

(Die Lösungen des Tests findest du
am Ende des Lösungsteils.)

Gesamt: ◯ /17

Rechnen bis 1000

34 Rechenmauern mit ganzen Hundertern

35 Beide Flügel sind zusammen immer 1000. Ergänze.

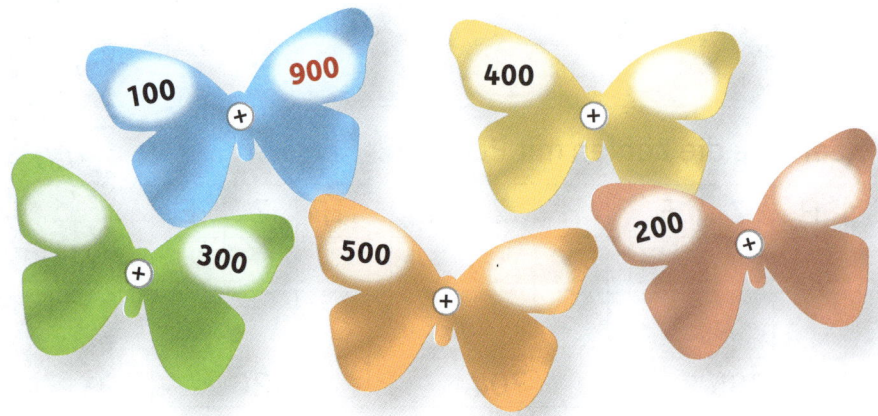

36 Rechne: Achte besonders auf jede Null!

300 +   1 = _____   500 + 60 = _____   7̶00 + 30 = _____

300 + 10 = _____   50 + 600 = _____   7̶00 +   3 = _____

 30 + 10 = _____   500 +   6 = _____   7̶0 + 30 = _____

300 + 100 = _____   500 + 16 = _____   7̶00 + 300 = _____

37 Kleine und große Plusaufgaben: Nur die H ändern sich!

$2\underline{7} + 8 =$ _____

10	20	30	40	50	60	70	80

$12\underline{7} + 8 =$ _____

| 110 | 120 | 130 | 140 | 150 | 160 | 170 | 180 |

$32\underline{7} + 8 =$ _____

| 310 | 320 | 330 | 340 | 350 | 360 | 370 | 380 |

$62\underline{7} + 8 =$ _____

| 610 | 620 | 630 | 640 | 650 | 660 | 670 | 680 |

$65 + 7 =$ _____ $62 + 25 =$ _____ $35 + 45 =$ _____

$465 + 7 =$ _____ $262 + 25 =$ _____ $335 + 45 =$ _____

$565 + 7 =$ _____ $762 + 25 =$ _____ $535 + 45 =$ _____

$765 + 7 =$ _____ $962 + 25 =$ _____ $835 + 45 =$ _____

38 Rechentabellen mit Plusaufgaben

+	4	5	7
16	**20**	**21**	
516			**523**
726			

+	5	15	35
504	**509**	**519**	
505	**510**		
556			

+	16	27	38
300	**316**		
303			
333			

+		45	49
530			
532			
545	**585**		

39 Ergänze die Zahlenhäuser.

Zwei Zahlen im gleichen Stockwerk ergeben zusammen die **Zahl im Dach**!

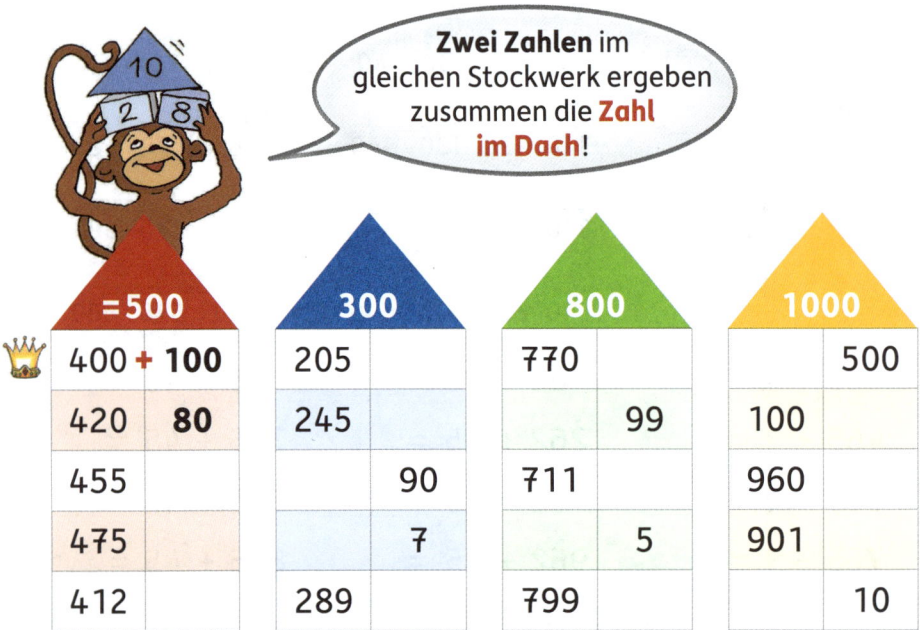

=500	
400 + 100
420	80
455	
475	
412	

300	
205	
245	
	90
	7
289	

800	
770	
	99
711	
	5
799	

1000	
	500
100	
960	
901	
	10

40 Weiter geht's mit Minus: Ziehe ganze Hunderter ab.

− 100	
300	200
500	
520	

524	
850	
805	

− 300	
400	
900	
950	

959	
989	
999	

− 500	
700	
1000	
540	

565	
665	
685	

− 700	
800	
820	
802	

902	
920	
922	

41 Kleine und große Minusaufgaben: Beachte die H!

$52 - 6 =$ _____

10	20	30	40	50	60	70	80

$252 - 6 =$ _____

210	220	230	240	250	260	270	280

$452 - 6 =$ _____

410	420	430	440	450	460	470	480

$552 - 6 =$ _____

510	520	530	540	550	560	570	580

$33 - 8 =$ _____ $49 - 27 =$ _____ $63 - 15 =$ _____

$333 - 8 =$ _____ $149 - 27 =$ _____ $463 - 15 =$ _____

$633 - 8 =$ _____ $449 - 27 =$ _____ $763 - 15 =$ _____

$933 - 8 =$ _____ $749 - 27 =$ _____ $863 - 15 =$ _____

42 Rechentabellen mit Minusaufgaben

−	2	4	6
248	246	244	
52	50		
252			

−	7	17	27
639			
677			
685			

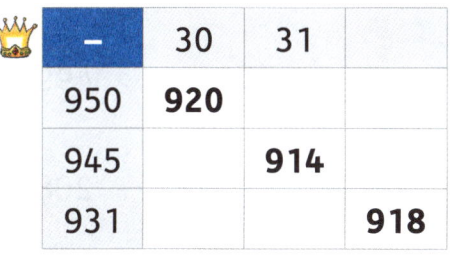

−	30	31	
950	920		
945		914	
931			918

−	4	40	
652	648		
852			808
872		832	

43 Zeichne die Pfeile ein und rechne aus:

```
230   240   250   260   270   280   290   300
```

$300 - 5 = \textbf{295}$ $300 - 15 = \_\_\_\_$ $300 - 35 = \_\_\_\_$

```
430   440   450   460   470   480   490   500
```

$500 - 10 = \_\_\_\_$ $500 - 12 = \_\_\_\_$ $500 - 22 = \_\_\_\_$

```
530   540   550   560   570   580   590   600
```

$600 - 25 = \_\_\_\_$ $600 - 28 = \_\_\_\_$ $600 - 48 = \_\_\_\_$

```
730   740   750   760   770   780   790   800
```

$800 - 9 = \_\_\_\_$ $800 - 39 = \_\_\_\_$ $800 - 69 = \_\_\_\_$

44 Was passiert da? Rechne im Kopf und schreibe auf den
Pfeil, wie gerechnet werden muss. Beachte **+** und **–**!

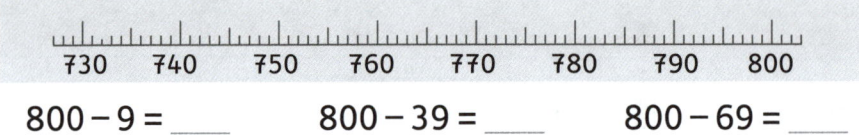

$17 \xrightarrow{\textbf{+8}} 25 \xrightarrow{\textbf{+200}} 225 \longrightarrow 280 \longrightarrow 1000$

$899 \longrightarrow 855 \longrightarrow 355 \longrightarrow 400 \longrightarrow 499$

$5 \longrightarrow 73 \longrightarrow 57 \longrightarrow 257 \longrightarrow 208$

45 Kannst du **Karten** lesen?

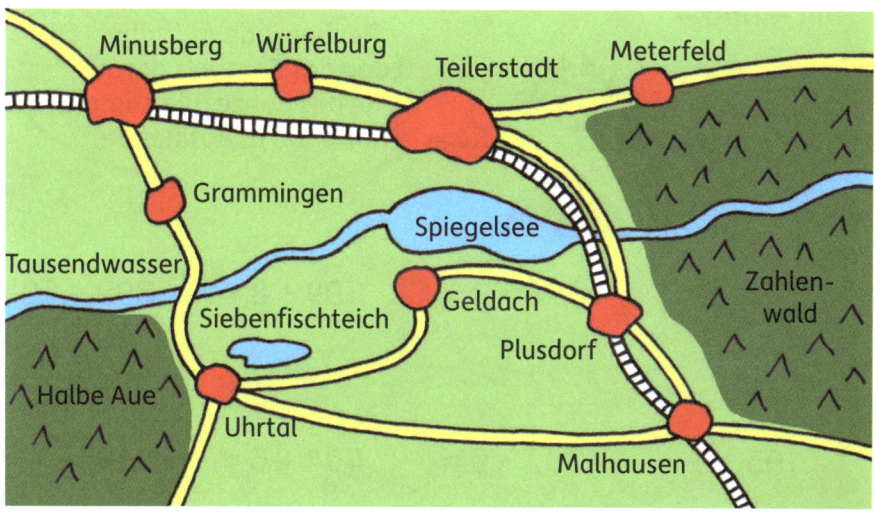

a Kreuze an: **richtig** oder **falsch**?

	r	f
a) Der kürzeste Weg von Minusberg nach Meterfeld führt durch Würfelburg und Teilerstadt.	○	○
b) Wenn ich von Grammingen kommend die Tausendwasser überquere, liegt rechts der Siebenfischteich und links die Halbe Aue.	○	○
c) Schaue ich von Uhrtal in Richtung Plusdorf, sind alle Gewässer der Karte links von mir.	○	○
d) Wer von Meterfeld nach Geldach will, biegt in Teilerstadt links und in Plusdorf rechts ab.	○	○

b Diese 4 Orte sind auch mit der Bahn erreichbar:

_____   _____

_____   _____

46 Rechenpuzzle
mit **+** und **–**

Schneide
auf Seite 83 oben die
Puzzleteile aus.
Rechne jede Aufgabe.
Lege das Ergebnis darauf.
Wenn das ganze Bild stimmt,
darfst du es **aufkleben**.

$95 + 8 =$ ___	$398 + 3 =$ ___	$699 + 8 =$ ___	$899 + 10 =$ ___
$195 + 7 =$ ___	$793 + 9 =$ ___	$494 + 6 =$ ___	$296 + 7 =$ ___
$104 - 5 =$ ___	$107 - 9 =$ ___	$302 - 7 =$ ___	$801 - 8 =$ ___
$203 - 5 =$ ___	$506 - 8 =$ ___	$504 - 9 =$ ___	$603 - 7 =$ ___

47 Pfeilaufgaben

$280 \xrightarrow{+50} 330 \xrightarrow{+45} \underline{\quad} \xrightarrow{+70} \underline{\quad} \xrightarrow{+60} \underline{\quad}$

♕ $\underline{\quad} \xrightarrow{-90} 710 \xrightarrow{-} 660 \xrightarrow{-} 605 \xrightarrow{-} 555$

48 Rechenrätsel mit **+** und **−** : Finde den Lösungssatz!

Zahlen-schlüssel								
		430	E	550	Ü	656	D
		440	H	590	Ö	670	K
210	L	460	U	620	T	730	I
320	M	530	R	640	S	865	N

350 + 320 =	670	**K**	940 − 410 =		
430 + 160 =			760 − 210 =		
525 + 340 =			675 − 35 =		
795 + 70 =			730 − 90 =		
350 + 80 =			540 − 110 =		
655 + 210 =			870 − 660 =		
160 + 160 =			910 − 470 =		
460 + 270 =			640 − 180 =		
280 + 340 =			950 − 310 =		
590 + 66 =			810 − 190 =		
260 + 170 =			610 − 180 =		
195 + 125 =			1000 − 135 =		

Lösungssatz: **Elefanten** ...

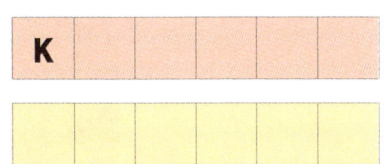

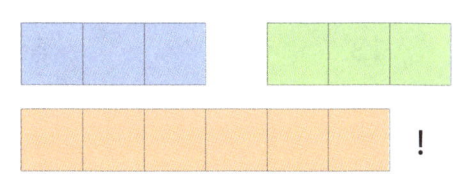

Test 3: Rechnen bis 1000

1 Zähle E, Z oder H dazu: Ziehe E, Z oder H ab:

245 → + 5 E = ____   899 → − 8 E = ____
     ↔ + 5 Z = ____   ↔ − 8 Z = ____
     ↘ + 5 H = ____   ↘ − 8 H = ____

 /6

2 Rechne und male aus.

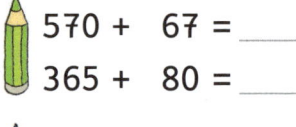
570 + 67 = ____
365 + 80 = ____

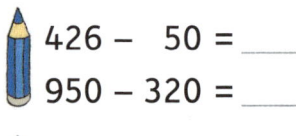
426 − 50 = ____
950 − 320 = ____

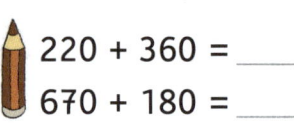
220 + 360 = ____
670 + 180 = ____

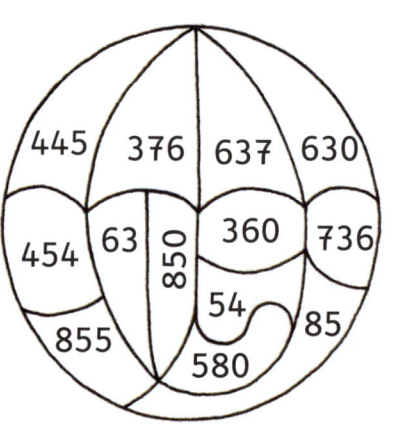

/6

3 Wie viel fehlt? Ergänze zur 1000:

400 +   420 +   942 +

/3

4 Rechne.

+	42	46	48
13			
323			
334			

−	67	76	106
667			
677			
776			

/18

28

5 Wie wurde gerechnet? Schreibe auf den Pfeil.
Achte auf **+** und **–** .

750 $\longrightarrow$ 500 $\longrightarrow$ 611 $\longrightarrow$ 660

99 $\longrightarrow$ 200 $\longrightarrow$ 180 $\longrightarrow$ 695

427 $\longrightarrow$ 450 $\longrightarrow$ 45 $\longrightarrow$ 590

⬤ /9

6 Löse die Sachaufgabe: Rechne und antworte.

Die Grundschule am Burgweg
besuchen insgesamt
340 Schulkinder.

In jede der vier 3. Klassen gehen
20 Kinder. Heute fahren alle vier
3. Klassen zusammen in den Zoo.
Die anderen Klassen bleiben in der Schule.

a Wie viele Drittklässler gibt es in der Schule?

R: _____

A:_____

⬤ /2

b Wie viele Kinder sind heute im Schulhaus?

R: _____

A:_____

⬤ /2

(Die Lösungen des Tests findest du
am Ende des Lösungsteils.)

Gesamt:

⬤ /46

Schriftliche Rechenverfahren

49 Halbschriftliches Rechnen mit **+**

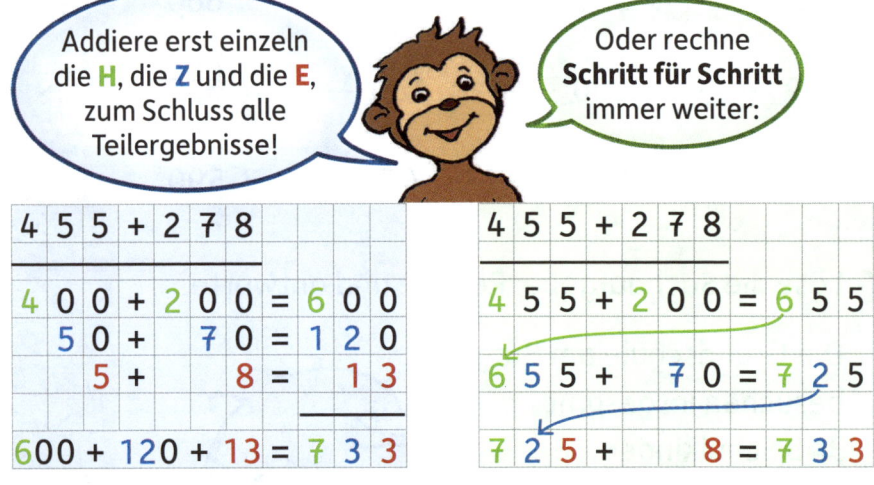

4 5 5 + 2 7 8			
4 0 0 + 2 0 0 = 6 0 0			
5 0 + 7 0 = 1 2 0			
5 + 8 = 1 3			
6 0 0 + 1 2 0 + 1 3 = 7 3 3			

4 5 5 + 2 7 8
4 5 5 + 2 0 0 = 6 5 5
6 5 5 + 7 0 = 7 2 5
7 2 5 + 8 = 7 3 3

Entscheide, wie du rechnen willst. Löse diese Aufgaben auf dem Block. Verbinde unten die Ergebnisse der Reihe nach.

a) 689 + 45 = _____

b) 344 + 68 = _____

c) 793 + 27 = _____

d) 512 + 49 = _____

e) 425 + 459 = _____

f) 537 + 234 = _____

g) 618 + 147 = _____

h) 490 + 336 = _____

i) 530 + 185 = _____

j) 270 + 682 = _____

k) 345 + 472 = _____

l) 169 + 697 = _____

673•   561•   •771
884•   •899   •197   694•
753•
850•   412   820•   •765   •444   557•
734•   •826
•715
998•   392•   866•   817•   •811   •952

30

50 Schriftliches Rechnen mit **+**

Von rechts ←nach links:
Erst die **Einer**, dann die **Zehner**,
zum Schluss die **Hunderter**!

Rechne so:

H	Z	E
3	1	2
+ 2	7	4
5	8	6

4 E + 2 E = 6 E

7 Z + 1 Z = 8 Z

2 H + 3 H = 5 H

Jetzt versuche es selbst:

H	Z	E
1	4	3
+ 5	2	6

H	Z	E
6	7	5
+ 2	1	3

H	Z	E
4	2	6
+ 3	3	3

H	Z	E
3	1	5
+ 3	4	2

51 Achtung, **Zehnerübergang**! Achte auf den **Übertrag**:
Schreibe den gemerkten Zehner unten klein dazu.

H	Z	E
1	6	5
+ 1	2	8
	1	
2	9	3

H	Z	E
3	4	6
+ 4	3	6

H	Z	E
5	1	7
+ 2	6	9

H	Z	E
4	2	9
+ 3	4	5

H	Z	E
1	4	2
+ 6	3	9

H	Z	E
7	8	5
+ 1	0	7

H	Z	E
3	0	1
+ 6	4	9

H	Z	E
4	3	9
+ 4	3	9

52 Schreibe die Zahlen genau untereinander und rechne.

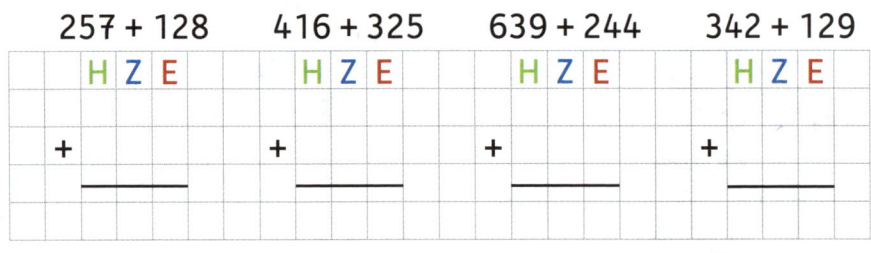

257 + 128   416 + 325   639 + 244   342 + 129

| H | Z | E | | H | Z | E | | H | Z | E | | H | Z | E |

574 + 217   609 + 136   724 + 107   573 + 19

| H | Z | E | | H | Z | E | | H | Z | E | | H | Z | E |

53 Rechne diese Aufgaben.

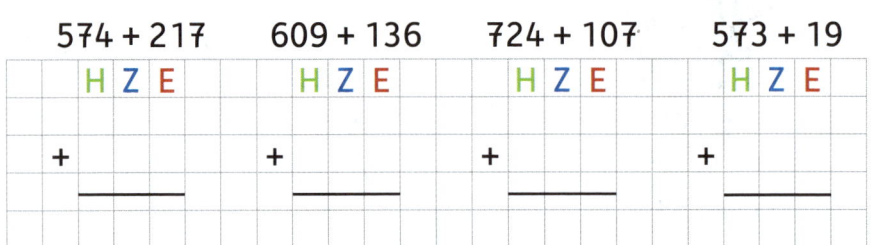

H	Z	E		H	Z	E		H	Z	E		H	Z	E
	2	1	5		7	3	4		5	4	8		7	2	7
+	3	4	6	+	1	1	9	+	1	0	8	+	2	6	6
E				K				F				!			

H	Z	E		H	Z	E		H	Z	E		H	Z	E
	2	1	8		2	5	7		4	0	3		7	1	8
+	3	4	5	+	2	3	3	+	3	2	7	+	2	5	2
R				P				E				T			

Ordne vom kleinsten bis zum größten Ergebnis.
Schreibe die Buchstaben und das Zeichen passend dazu.

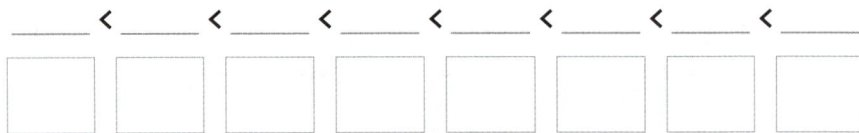

___ < ___ < ___ < ___ < ___ < ___ < ___ < ___

Kannst du den Übergang auch bei den Hundertern?
Male die Ergebnisfelder unten grau aus.

H	Z	E
8	6	6
+	5	3

H	Z	E
2	7	0
+ 1	4	6

H	Z	E
4	9	2
+ 1	5	0

H	Z	E
3	5	7
+ 3	6	0

H	Z	E
5	8	2
+	9	4

H	Z	E
4	6	7
+	5	2

H	Z	E
7	3	1
+ 1	8	5

H	Z	E
2	7	8
+ 5	4	1

H	Z	E
1	9	3
+ 6	7	2

H	Z	E
4	6	5
+	7	6

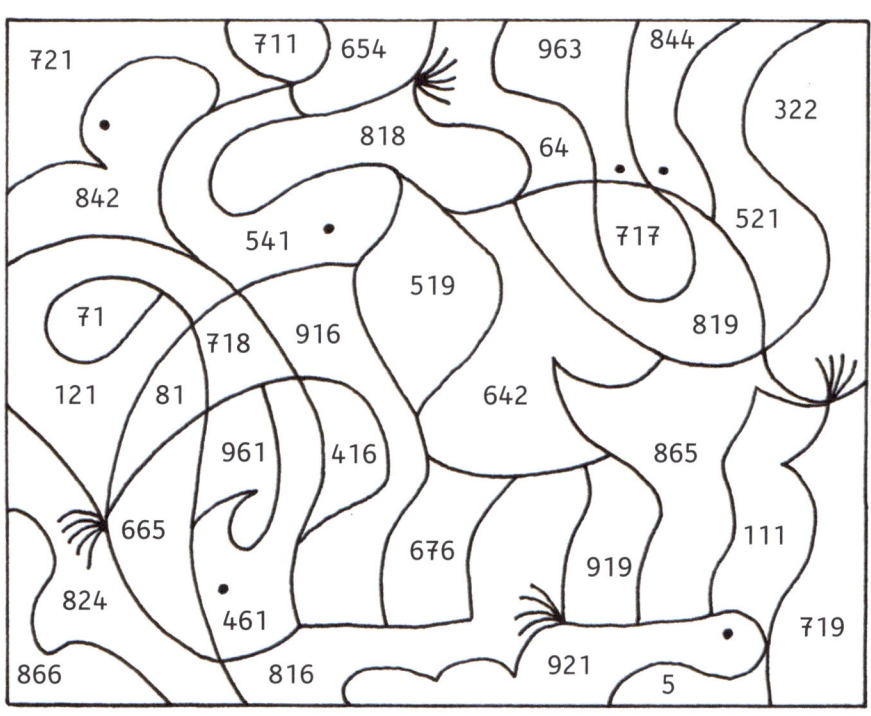

55 Rechne mit drei oder vier Zahlen.

Beachte: Manchmal musst du mehr als 1 Z oder 1 H übertragen!

```
    2 3 8        1 7 9        6 1 5
    1 0 7        3 6 2        1 2 9
+ 4 4 6      + 2 8 5      + 2 4 8
      2
  7 9 1


    4 4 6        2 8 3        2 2 8
    1 0 5        1 6 5        6 4 9
+ 2 3 3      + 3 7 9      + 1 1 6



    1 2 7        1 2 1        4 5 0        1 7 2
    2 1 4        2 0 5        1 2 3        2 1 7
    1 5 8        3 3 0        1 1 2        1 2 7
+ 3 0 2      + 1 5 2      + 1 6 4      + 2 7 1
```

56 Welche Ziffern fehlen hier? Finde sie heraus.

```
    3 □ 6        6 3 □        4 □ 4          □ 0 □
+ □ 4 6      + 1 □ 5      + □ 5 7      + 2 5 8
        1            1            1              1
  8 7 □        □ 1 7        6 8 □        4 □ 7


    □ 3 8        1 □ 9        5 1 5        4 7 □
    1 0 □        □ 6 2        1 □ 9        1 □ 7
+ 4 4 6      + 2 8 5      + 2 4 □      + □ 4 5
        2          2 1            2          2 1
  7 □ 1        8 2 □        □ 9 2        9 0 6
```

34

57 Halbschriftliches Rechnen mit **−**

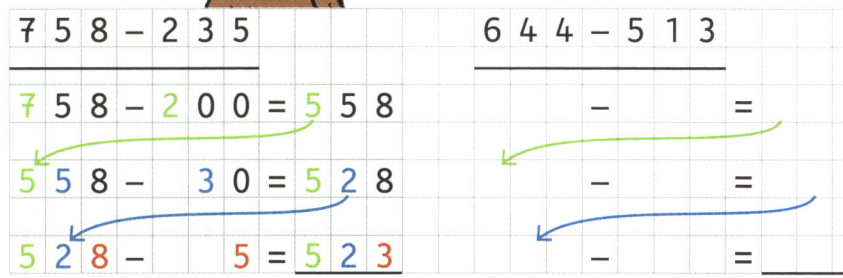

Rechne **Schritt für Schritt** immer weiter: Ziehe **H**, **Z** und **E** nacheinander ab!

Beispiel:

7 5 8 − 2 3 5	6 4 4 − 5 1 3
7 5 8 − 2 0 0 = 5 5 8	− =
5 5 8 − 3 0 = 5 2 8	− =
5 2 8 − 5 = 5 2 3	− =

8 4 9 − 3 1 6	5 6 7 − 2 5 1
− =	− =
− =	− =
− =	− =

9 9 4 − 6 5 2	7 5 6 − 5 2 4
− =	− =
− =	− =
− =	− =

6 5 8 − 2 4 3	4 7 5 − 2 3 4
− =	− =
− =	− =
− =	− =

Abziehverfahren:
Rechne **MINUS**
von oben ↓ nach unten!
Und von
rechts ← nach links:
Erst **E**, dann **Z**, dann **H**!

H	Z	E
4	5	6
– 2	1	5
2	4	1

$6E - 5E = 1E$

$5Z - 1Z = 4Z$

$4H - 2H = 2H$

Ergänzungsverfahren:
Rechne **PLUS**
von unten ↑ nach oben!
Und auch hier
von rechts ← nach links:
Erst **E**, dann **Z**, dann **H**!

H	Z	E
4	5	6
– 2	1	5
2	4	1

$5E + 1E = 6E$

$1Z + 4Z = 5Z$

$2H + 2H = 4H$

Rechne so, wie du es in der Schule gelernt hast.

H	Z	E
6	3	8
– 1	2	7

H	Z	E
8	7	4
– 5	4	1

H	Z	E
7	9	5
– 3	5	3

H	Z	E
9	8	7
– 6	5	3

H	Z	E
4	7	3
– 2	6	2

H	Z	E
9	5	6
– 3	2	4

H	Z	E
5	9	8
– 4	6	5

H	Z	E
4	3	5
– 3	2	4

H	Z	E
8	8	8
– 2	8	4

H	Z	E
9	9	2
– 8	8	0

H	Z	E
8	0	8
– 7	0	6

H	Z	E
9	5	1
– 9	5	0

59 Achtung: Zehnerübergang und Hunderterübergang!

Abziehverfahren:
Du musst **1 Z** in **10 E**
auflösen (entbündeln) und
dir „**BORGEN**"!

Ergänzungsverfahren:
10 E werden
als **1 Z**
„**GEMERKT**"!

H	Z	E
	3	12
6	4̶	2̶
− 3	1	7̶
3	2	5

H	Z	E
6	4	2
	I	
− 3	1	7̶
3	2	5

H	Z	E
6	4	2
− 3	1	7̶
	1	
3	2	5

Sprich dazu:

2 − 7 geht nicht.
Ich borge mir **1 Z = 10 E**.
(Ich entbündele **1 Z**.)
So gibt es **1 Z** weniger:
aus 4 Z werden **3 Z**! (Strich)
Statt 2 E denke ich
mir **1 Z 2 E = 12 E**.

Ich rechne also:
12 E − 7 E = 5 E
3 Z − 1 Z = 2 Z (4 − 1 − 1 = 2)
6 H − 3 H = 3 H

Sprich dazu:

7 + wie viel ist 2?
Das geht nicht.

Ich ergänze nicht auf 2,
sondern auf 12 und merke
mir **1 Z**.

Ich rechne also:
7 E + 5 E = 12 E → **5 E** an,
1 Z gemerkt
1 Z + 1 Z + 2 Z = 4 Z → **2 Z** an,
3 H + 3 H = 6 H → **3 H** an.

Tipp: Beim H-Übergang funktioniert es genauso!

Rechne so, wie du es in der Schule gelernt hast.

H	Z	E
	4	7	3
− 2	2	8

H	Z	E
	7	9	4
− 5	3	6

H	Z	E
	5	6	2
− 1	4	5

H	Z	E
	8	4	6
− 3	2	9

60 Schaffst du die Aufgaben in 5 Minuten?

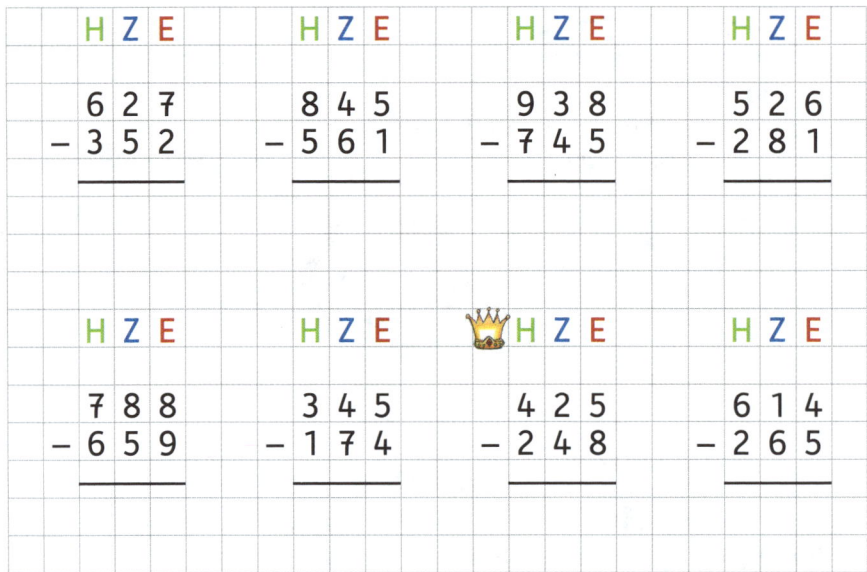

H	Z	E
6	2	7
− 3	5	2

H	Z	E
8	4	5
− 5	6	1

H	Z	E
9	3	8
− 7	4	5

H	Z	E
5	2	6
− 2	8	1

H	Z	E
7	8	8
− 6	5	9

H	Z	E
3	4	5
− 1	7	4

H	Z	E
4	2	5
− 2	4	8

H	Z	E
6	1	4
− 2	6	5

61 Welches Tier ist das hier? Male die graue und die grüne Fläche fertig an, **ohne** über eine schwarze Linie zu malen!

62 Rechne alle Aufgaben aus.

5 3 6	9 4 5	6 5 7	8 5 3
− 1 5 4	− 5 1 8	− 4 3 8	− 7 2 5
3 8 2			

7 6 3	8 4 3	6 9 1	8 3 9
− 5 2 9	− 5 1 7	− 2 2 9	− 1 8 2

7 4 6	4 3 1	9 1 2	9 1 4
− 5 7	− 2 7 3	− 3 5 7	− 3 3 8

Male zu jedem Ergebnis den **angegebenen Buchstaben überall im Gitter blau** an.

Achtung: Nicht alle Zahlen sind Ergebnisse der Rechnungen von oben!

128 → alle V	234 → alle U	427 → alle K	599 → alle O
158 → alle F	324 → alle T	462 → alle L	657 → alle Z
205 → alle A	326 → alle G	555 → alle N	689 → alle J
219 → alle D	**382 → alle P**	576 → alle B	789 → alle E

Z	L	P	U	D	K	V	F	G	D	J	K	N	V	P	J	V
U	M	A	C	H	L	S	O	D	W	E	I	T	E	R	!	Z
Z	B	F	G	J	B	K	N	U	P	F	N	L	G	B	U	P

63 Von Zahlen mit Nullstellen etwas abziehen:

Abziehverfahren:
Wenn ich mir von 0 Z einen Zehner borgen muss, muss ich zunächst einen Hunderter auflösen.

Beim Ergänzen denke ich mir statt 0 eine 10. Dann rechne ich wie immer und schreibe die **„Gemerkt"-Zahl** dazu.

$$
\begin{array}{r}
\overset{9}{\overset{7}{8}}\,\overset{17}{\overset{10}{0}}\,\overset{}{7}\\
-\,4\ 2\ 8\\
\hline
3\ 7\ 9
\end{array}
\qquad
\begin{array}{r}
8\ 0\ 7\\
1\ 1\\
-\,4\ 2\ 8\\
\hline
3\ 7\ 9
\end{array}
\qquad
\begin{array}{r}
8\ 0\ 7\\
-\,4\ 2\ 8\\
1\ 1\\
\hline
3\ 7\ 9
\end{array}
$$

9 4 0	2 3 0	8 6 0	5 1 0
− 3 3 6	− 1 5 5	− 4 2 8	− 2 9 2
E 6 0 4	**D**	**U**	**T**
3 0 5	7 0 4	4 0 6	6 0 2
− 1 2 4	− 5 8 2	− 3 1 9	− 2 4 9
S	**I**	**B**	**S**
1 0 0 0	1 0 0 0	1 0 0 0	
− 1 1 8	− 4 7 3	− 9 2 3	
R	**P**	**U**	

Ordne die Buchstaben passend vom kleinsten bis zum größten Ergebnis:

___ ___   ___ ___ ___   ___ ___ ___ **E** ___!

40

64 Im Kopf oder schriftlich? Entscheide selbst.

Male aus: orange, was du im Kopf rechnen kannst,
grün, was du schriftlich ausrechnen musst.

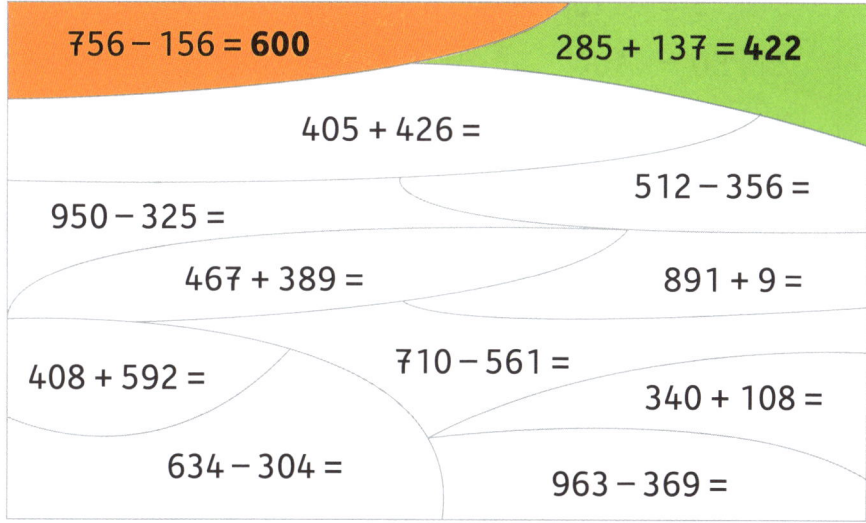

756 − 156 = **600**

285 + 137 = **422**

405 + 426 =

512 − 356 =

950 − 325 =

467 + 389 =

891 + 9 =

408 + 592 =

710 − 561 =

340 + 108 =

634 − 304 =

963 − 369 =

Hier ist Platz für deine schriftlichen Rechnungen:

```
   2 8 5
 + 1 3 7
   1 1
   4 2 2
```

Einmaleins mit Zehnerzahlen

65 Malaufgaben

2 · 5 =	**10**
2 · 50 =	**100**
2 · 500 = _____	
20 · 5 = _____	
200 · 5 = _____	
500 · 2 = _____	
20 · 50 = _____	
50 · 20 = _____	

Jetzt mit großen Zahlen! Die kleine Aufgabe hilft dir dabei. Beachte die Nullen!

3 · 4 = _____
3 · 40 = _____
30 · 4 = _____

6 · 8 = _____
6 · 80 = _____
60 · 8 = _____

2 · 3 = _____
2 · 30 = _____
2 · 300 = _____
3 · 2 = _____
3 · 20 = _____
3 · 200 = _____
300 · 2 = _____
20 · 30 = _____
30 · 20 = _____

6 · 4 = _____
6 · 40 = _____
4 · 6 = _____
4 · 60 = _____

8 · 7 = _____
8 · 70 = _____
7 · 8 = _____
7 · 80 = _____

3 · 8 = _____
3 · 80 = _____
8 · 3 = _____
8 · 30 = _____

7 · 7 = _____
7 · 70 = _____
9 · 9 = _____
9 · 90 = _____

1 · 1 = _____
10 · 100 = _____

1 · 10 = _____
0 · 100 = _____

10 · 10 = _____
100 · 1 = _____

Mathe trainieren

3. Klasse

Lösungen

Dieser Lösungsteil ist herausnehmbar!
Klammern in der Mitte des Heftes öffnen!

1

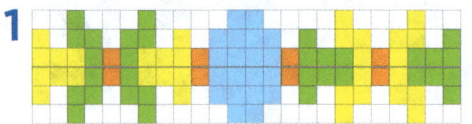

2

4	5	6	7	8	9	10

60
70

5		37
15	47	48
25	57	58	59
35	67	68	69	70
45
55	56	57	58	59

78	79	80
88	89	90
98	99	100

4	5
13	14	15	16
22	23	24	25	26	27
31	32	33	34	35	36	37	38

17	18	19	20
27			30
37	38	39	40

1	2	3	4
			14
21	22	23	24
			34
41	42	43	44

33				37
44		46
	55
64		66
73				77
84		86
	95

9	10
19	20
28	29	30
39	40
49	50
59	60
68	69	70

3

$39 + 6 = 45$
$39 + 1 + 5 = 45$

$48 + 4 = 52$
$48 + 2 + 2 = 52$

$67 + 7 = 74$
$67 + 3 + 4 = 74$

$55 + 9 = 64$
$55 + 5 + 4 = 64$

$56 + 17 = 73$
$56 + 10 + 7 = 73$

$63 + 29 = 92$
$63 + 20 + 9 = 92$

$34 + 26 = 60$
$34 + 20 + 6 = 60$

$27 + 48 = 75$
$27 + 40 + 8 = 75$

4

$42 - 7 = 35$
$42 - 2 - 5 = 35$

$56 - 8 = 48$
$56 - 6 - 2 = 48$

$33 - 5 = 28$
$33 - 3 - 2 = 28$

$74 - 9 = 65$
$74 - 4 - 5 = 65$

$56 - 17 = 39$
$56 - 10 - 7 = 39$

$63 - 29 = 34$
$63 - 20 - 9 = 34$

$34 - 26 = 8$
$34 - 20 - 6 = 8$

$87 - 78 = 9$
$87 - 70 - 8 = 9$

5

$5 + 12 = 17$
$12 + 5 = 17$

$4 + 28 = 32$
$28 + 4 = 32$

$6 + 56 = 62$
$56 + 6 = 62$

$7 + 34 = 41$
$34 + 7 = 41$

$9 + 69 = 78$
$69 + 9 = 78$

$8 + 72 = 80$
$72 + 8 = 80$

$16 + 22 = 38$
$22 + 16 = 38$

$31 + 54 = 85$
$54 + 31 = 85$

$17 + 46 = 63$
$46 + 17 = 63$

6

$25 + 3 = 28$
$28 - 3 = 25$

$45 + 6 = 51$
$51 - 6 = 45$

$76 + 9 = 85$
$85 - 9 = 76$

$70 - 3 = 67$
$67 + 3 = 70$

$31 - 7 = 24$
$24 + 7 = 31$

$84 - 8 = 76$
$76 + 8 = 84$

$21 + 45 = 66$ $63 + 16 = 79$ $99 - 66 = 33$
$66 - 45 = 21$ $79 - 16 = 63$ $33 + 66 = 99$

7

43 18
33 29 4 19
19 5
14
18 6
32 17 7 20
31 21

93 58
63 38 3 68
8 13
55
71 16 9
6 19 64
61 74

8

79
34 45
24 10 35

99
39 60
5 34 26

75
50 25
35 15 10

90
42 48
4 38 10

82
17 65
8 9 56

👑 36
16 20
7 9 11
3 4 5 6

100
55 45
36 19 26
25 11 8 18

9 34 $\xrightarrow{+9}$ **43** $\xrightarrow{-27}$ 16 $\xrightarrow{+56}$ 72 $\xrightarrow{-22}$ 50

👑 55 $\xrightarrow{-6}$ 49 $\xrightarrow{+16}$ 65 $\xrightarrow{-51}$ 14 $\xrightarrow{+36}$ 50

10

$3 \cdot 6 = 18$
$6 \cdot 3 = 18$
$2 \cdot 8 = 16$
$8 \cdot 2 = 16$
$1 \cdot 5 = 5$
$5 \cdot 1 = 5$
$3 \cdot 3 = 9$
$3 \cdot 3 = 9$
$4 \cdot 7 = 28$
$7 \cdot 4 = 28$

11

$1 \cdot 5 = 5$	$1 \cdot 8 = 8$	$1 \cdot 4 = 4$	$1 \cdot 7 = 7$
$2 \cdot 5 = 10$	$2 \cdot 8 = 16$	$2 \cdot 4 = 8$	$2 \cdot 7 = 14$
$3 \cdot 5 = 15$	$3 \cdot 8 = 24$	$3 \cdot 4 = 12$	$3 \cdot 7 = 21$
$4 \cdot 5 = 20$	$4 \cdot 8 = 32$	$4 \cdot 4 = 16$	$4 \cdot 7 = 28$
$5 \cdot 5 = 25$	$5 \cdot 8 = 40$	$5 \cdot 4 = 20$	$5 \cdot 7 = 35$
$6 \cdot 5 = 30$	$6 \cdot 8 = 48$	$6 \cdot 4 = 24$	$6 \cdot 7 = 42$
$7 \cdot 5 = 35$	$7 \cdot 8 = 56$	$7 \cdot 4 = 28$	$7 \cdot 7 = 49$
$8 \cdot 5 = 40$	$8 \cdot 8 = 64$	$8 \cdot 4 = 32$	$8 \cdot 7 = 56$
$9 \cdot 5 = 45$	$9 \cdot 8 = 72$	$9 \cdot 4 = 36$	$9 \cdot 7 = 63$
$10 \cdot 5 = 50$	$10 \cdot 8 = 80$	$10 \cdot 4 = 40$	$10 \cdot 7 = 70$

12

				👑
			90	110
18	27	54	81	99
16	24	48	72	88
14	21	42	63	77
12	18	36	54	66
10	15	30	45	55
8	12	24	36	44
6	9	18	27	33
4	6	12	18	22
2	3	6	9	11

13 7er-Reihe bis 70 Es fehlt: 35

7 14 21 27 28 36 42 49 54 56 63 70

8er-Reihe bis 80 Es fehlt: 64

8 16 18 24 32 36 40 48 56 63 72 80

Quadratzahlen bis 100 Es fehlt: 25

1 4 9 16 20 36 42 49 56 64 81 100

14

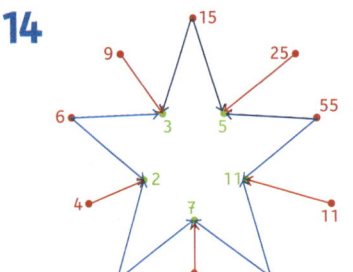

15

6 · 5 = 30	56 : 8 = 7	23 : 7 = 3 R 2
3 · 5 = 15	72 : 9 = 8	29 : 7 = 4 R 1
3 · 8 = 24	36 : 4 = 9	32 : 5 = 6 R 2
6 · 8 = 48	36 : 6 = 6	32 : 6 = 5 R 2
4 · 6 = 24	35 : 7 = 5	37 : 4 = 9 R 1
7 · 4 = 28	32 : 8 = 4	65 : 8 = 8 R 1
7 · 8 = 56	18 : 3 = 6	65 : 7 = 9 R 2
9 · 9 = 81	45 : 5 = 9	74 : 8 = 9 R 2

16

· 6		: 4		· 9		: 3	
3	**18**	12	3	2	18	9	3
5	30	20	5	6	54	15	5
7	42	28	7	7	63	24	8
9	54	36	9	8	72	27	9
10	60	40	10	9	81	33	11

17

7 · 3 = 21	42 : 7 = 6	8 · 6 = 48	27 : 3 = 9	4 · 8 = 32
6 · 7 = 42	21 : 3 = 7	48 : 6 = 8	32 : 8 = 4	9 · 3 = 27

18

6	4	24

6 · 4 = 24
4 · 6 = 24
24 : 6 = 4
24 : 4 = 6

7	5	35

7 · 5 = 35
5 · 7 = 35
35 : 7 = 5
35 : 5 = 7

8	5	40

8 · 5 = 40
5 · 8 = 40
40 : 5 = 8
40 : 8 = 5

19

a) R: 6 · 4 = 24   A: Pauline hat 24 Blätter gesammelt.

b) R: 24 : 3 = 8   A: Jedes Mädchen bekommt 8 Blätter.

20

Berechne zuerst das Alter der Mutter!

Vater: 40 Jahre

Mutter: ? + 4 = 40 → 40 − 4 = 36 → Mutter: 36 Jahre

Leo: 4 · ? = 36 → 36 : 4 = 9 → Leo: 9 Jahre

Tim: 6 · ? = 36 → 36 : 6 = 6 oder 9 − 3 = 6 → Tim: 6 Jahre

21

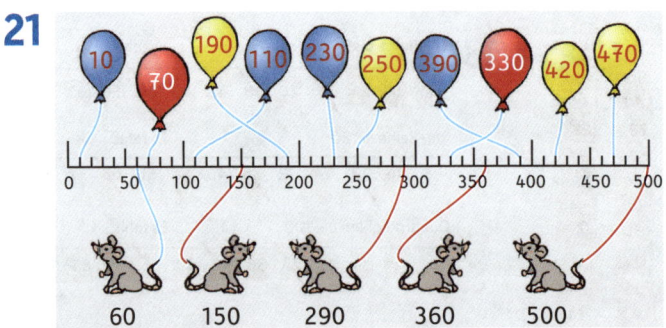

580 570 620 680 700 790 890 830 960

500 550 600 650 700 750 800 850 900 950 1000

520   670   780   870   940

22

| 214 | **215** | 216 | 306 | **307** | 308 | 799 | **800** | 801 |
| 567 | **568** | 569 | 698 | **699** | 700 | 729 | **730** | 731 |

| **520** | **524** | **530** | 430 | **437** | 440 | 390 | **391** | 400 |
| 960 | **962** | 970 | 110 | **118** | 120 | 500 | **506** | 510 |

| **300** | **344** | **400** | 700 | **737** | 800 | 900 | **940** | 1000 |
| 600 | **621** | 700 | 400 | **491** | 500 | 800 | **819** | 900 |

23

120 < 210   620 > 260   323 = 323   918 > 891

670 < 706   899 < 989   890 > 809   621 > 612

24

123 < **312** < 321 < 418 < 481 < 509 < 590 < 678 < 876

| O | B | S | T | S | A | L | A | T |

25

| T | H | Z | E |
| 1 | 0 | 0 | 0 |

| H | Z | E |
| 2 | 3 | 3 |

| H | Z | E |
| 4 | 0 | 7 |

| H | Z | E |
| 3 | 5 | 6 |

| H | Z | E |
| 6 | 1 | 5 |

| H | Z | E |
| 1 | 8 | 4 |

| H | Z | E |
| 2 | 2 | 6 |

| H | Z | E |
| 5 | 2 | 2 |

| H | Z | E |
| 1 | 5 | 0 |

| H | Z | E |
| 9 | 0 | 0 |

| H | Z | E |
| 3 | 1 | 9 |

| H | Z | E |
| 4 | 4 | 2 |

| H | Z | E |
| 2 | 7 | 1 |

| H | Z | E |
| 7 | 0 | 7 |

26

| H | Z | E |

360

| H | Z | E |

517

| H | Z | E |

802

27

| H | Z | E |

782

| H | Z | E |

692

| H | Z | E |

683

28

Wort	H	Z	E	Zerlegung
dreihundertsechsundsiebzig	3	7	6	300 + 70 + 6
fünfhundertzweiunddreißig	5	3	2	500 + 30 + 2
achthundertfünfundvierzig	8	4	5	800 + 40 + 5
sechshundertsiebzehn	6	1	7	600 + 10 + 7
neunhundertvierundzwanzig	9	2	4	900 + 20 + 4
zweihunderteinundsiebzig	2	7	1	200 + 70 + 1
siebenhundertdrei	7	0	3	700 + 3
vierhundertzwölf	4	1	2	400 + 10 + 2

29

201	202	203	
211	212	213	214
221	222	223	224

567	568	569	570
	578	579	
	588	589	
597	598	599	600

303
313
323
333
343
353
363
373
383

976	977	978	
986	987	988	989
996	997	998	999	1000

435

444	445	446
	455	
461	462	463	464	465	466

30

	132	
141	142	143
	144	

712
721	217	271
732

	341	
351	352	353
	362	

808	888	810
809	819	820
828	829	830

401	402	403
411	412	413
422	422	423

622	632	624
623	633	634
642	643	644

31

32

immer + 50	200	250	300	350	400	450	500	550	600
immer + 20	801	821	841	861	881	901	921	941	961
immer − 5	415	410	405	400	395	390	385	380	375
immer − 10 + 100	550	540	640	630	730	720	820	810	910

33

Es ist die **größte Zahl** mit **drei Ziffern**.
Die Zahl heißt: 999.
9 ist der größte Ziffernwert.

Meine Zahl liegt zwischen **200 und 300**. Sie hat **drei gleiche Ziffern**.
Die Zahl heißt: 222.
Es muss eine Zahl mit 2 H sein, und alle drei Ziffern sind gleich.

Meine Zahl ist **doppelt** so groß wie **200** und **halb** so groß wie **800**.
Die Zahl heißt: 400.
200 + 200 = 400 und
400 + 400 = 800 (800 − 400 = 400)

Meine Zahl hat **8 H** und **halb** so viele **Z**, aber **keine E**.
Die Zahl heißt: 840.
840 hat 8 H 4 Z und 0 E.

34

```
        600                    800
    200   400              300   500
  100  100  300        200  100  400
```

```
       1000                  1000                      1000
    200   800             600   400                 700   300
  100  100  700        500  100  300             500  200  100
```

35

100 + 900   400 + 600   700 + 300   500 + 500   200 + 800

36
300 + 1 = 301	500 + 60 = 560	700 + 30 = 730
300 + 10 = 310	50 + 600 = 650	700 + 3 = 703
30 + 10 = 40	500 + 6 = 506	70 + 30 = 100
300 + 100 = 400	500 + 16 = 516	700 + 300 = 1000

37
27 + 8 = 35	65 + 7 = 72	62 + 25 = 87	35 + 45 = 80
127 + 8 = 135	465 + 7 = 472	262 + 25 = 287	335 + 45 = 380
327 + 8 = 335	565 + 7 = 572	762 + 25 = 787	535 + 45 = 580
627 + 8 = 635	765 + 7 = 772	962 + 25 = 987	835 + 45 = 880

38

+	4	5	7
16	**20**	**21**	23
516	520	521	**523**
726	730	731	733

+	5	15	35
504	**509**	**519**	539
505	**510**	520	540
556	561	571	591

+	16	27	38
300	**316**	327	338
303	319	330	341
333	349	360	371

+	40	45	49
530	570	575	579
532	572	577	581
545	**585**	590	594

39

=500		300		800		1000	
400 + **100**		205	95	770	30	500	500
420	**80**	245	55	701	99	100	900
455	45	210	90	711	89	960	40
475	25	293	7	795	5	901	99
412	88	289	11	799	1	990	10

40

− 100	
300	200
500	400
520	420

👑
524	424
850	750
805	705

− 300	
400	100
900	600
950	650
959	659
989	689
999	699

− 500	
700	200
1000	500
540	40
565	65
665	165
685	185

− 700	
800	100
820	120
802	102
902	202
920	220
922	222

41

52 − 6 = 46	33 − 8 = 25	49 − 27 = 22	63 − 15 = 48
252 − 6 = 246	333 − 8 = 325	149 − 27 = 122	463 − 15 = 448
452 − 6 = 446	633 − 8 = 625	449 − 27 = 422	763 − 15 = 748
552 − 6 = 546	933 − 8 = 925	749 − 27 = 722	863 − 15 = 848

42

−	2	4	6
248	**246**	**244**	242
52	**50**	48	46
252	250	248	246

−	7	17	27
639	632	622	612
677	670	660	650
685	678	668	658

👑
−	30	31	13
950	**920**	919	937
945	915	**914**	932
931	901	900	**918**

−	4	40	44
652	**648**	612	608
852	848	812	**808**
872	868	**832**	828

43

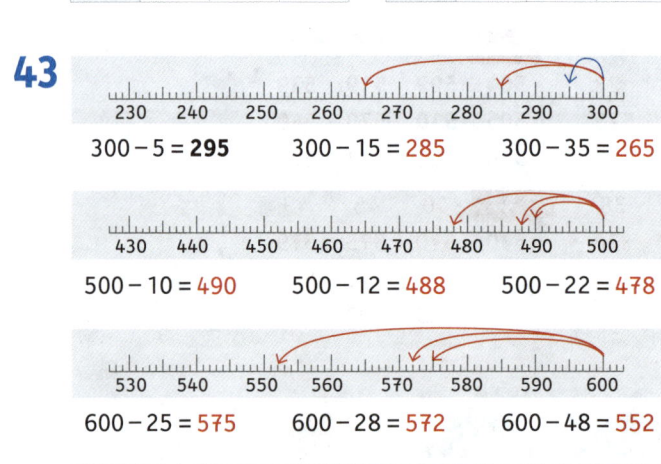

230 240 250 260 270 280 290 300

300 − 5 = **295**   300 − 15 = 285   300 − 35 = 265

430 440 450 460 470 480 490 500

500 − 10 = 490   500 − 12 = 488   500 − 22 = 478

530 540 550 560 570 580 590 600

600 − 25 = 575   600 − 28 = 572   600 − 48 = 552

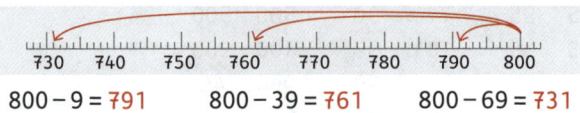

730 740 750 760 770 780 790 800

800 − 9 = 791   800 − 39 = 761   800 − 69 = 731

44 $17 \xrightarrow{+8} 25 \xrightarrow{+200} 225 \xrightarrow{+55} 280 \xrightarrow{+720} 1000$

$899 \xrightarrow{-44} 855 \xrightarrow{-500} 355 \xrightarrow{+45} 400 \xrightarrow{+99} 499$

$5 \xrightarrow{+68} 73 \xrightarrow{-16} 57 \xrightarrow{+200} 257 \xrightarrow{-49} 208$

45 a)   a) ⊠ ○   b) ○ ⊠   c) ⊠ ○   d) ⊠ ○

Achtung: Stell dir vor, dass du den beschriebenen Weg entlangkommst. Dabei liegt rechts und links nicht immer so, wie du es siehst, wenn du die Karte gerade hältst. Wenn das schwierig ist, hilft es, die Karte zu drehen.

b) Die Eisenbahnlinie führt durch die Orte:

Minusberg

Teilerstadt

Plusdorf

Malhausen

Achte auf diese Linie:

46

103	401	707	909
202	802	500	303
99	98	295	793
198	498	495	596

47 $280 \xrightarrow{+50} 330 \xrightarrow{+45} 375 \xrightarrow{+70} 445 \xrightarrow{+60} 505$

$800 \xrightarrow{-90} 710 \xrightarrow{-50} 660 \xrightarrow{-55} 605 \xrightarrow{-50} 555$

48

$350 + 320 =$	670	K
$430 + 160 =$	590	Ö
$525 + 340 =$	865	N
$795 + 70 =$	865	N
$350 + 80 =$	430	E
$655 + 210 =$	865	N
$160 + 160 =$	320	M
$460 + 270 =$	730	I
$280 + 340 =$	620	T
$590 + 66 =$	656	D
$260 + 170 =$	430	E
$195 + 125 =$	320	M

$940 - 410 =$	530	R
$760 - 210 =$	550	Ü
$675 - 35 =$	640	S
$730 - 90 =$	640	S
$540 - 110 =$	430	E
$870 - 660 =$	210	L
$910 - 470 =$	440	H
$640 - 180 =$	460	U
$950 - 310 =$	640	S
$810 - 190 =$	620	T
$610 - 180 =$	430	E
$1000 - 135 =$	865	N

Elefanten ...

K Ö N N E N   M I T   D E M   R Ü S S E L   H U S T E N !

49
a) $689 + 45 = 734$ e) $425 + 459 = 884$ i) $530 + 185 = 715$
b) $344 + 68 = 412$ f) $537 + 234 = 771$ j) $270 + 682 = 952$
c) $793 + 27 = 820$ g) $618 + 147 = 765$ k) $345 + 472 = 817$
d) $512 + 49 = 561$ h) $490 + 336 = 826$ l) $169 + 697 = 866$

50

1 4 3	6 7 5	4 2 6	3 1 5
+ 5 2 6	+ 2 1 3	+ 3 3 3	+ 3 4 2
6 6 9	8 8 8	7 5 9	6 5 7

51

1 6 5	3 4 6	5 1 7	4 2 9
+ 1 2 8	+ 4 3 6	+ 2 6 9	+ 3 4 5
2 9 3	7 8 2	7 8 6	7 7 4

1 4 2	7 8 5	3 0 1	4 3 9
+ 6 3 9	+ 1 0 7	+ 6 4 9	+ 4 3 9
7 8 1	8 9 2	9 5 0	8 7 8

52

2 5 7	4 1 6	6 3 9	3 4 2
+ 1 2 8	+ 3 2 5	+ 2 4 4	+ 1 2 9
3 8 5	7 4 1	8 8 3	4 7 1

5 7 4	6 0 9	7 2 4	5 7 3
+ 2 1 7	+ 1 3 6	+ 1 0 7	+ 1 9
7 9 1	7 4 5	8 3 1	5 9 2

53

2 1 5	7 3 4	5 4 8	7 2 7
+ 3 4 6	+ 1 1 9	+ 1 0 8	+ 2 6 6
E 5 6 1	K 8 5 3	F 6 5 6	! 9 9 3

2 1 8	2 5 7	4 0 3	7 1 8
+ 3 4 5	+ 2 3 3	+ 3 2 7	+ 2 5 2
R 5 6 3	P 4 9 0	E 7 3 0	T 9 7 0

$490 < 561 < 563 < 656 < 730 < 853 < 970 < 993$

P	E	R	F	E	K	T	!

54

866	270	492	357	582
+ 53	+ 146	+ 150	+ 360	+ 94
919	416	642	717	676

467	731	278	193	465
+ 52	+ 185	+ 541	+ 672	+ 76
519	916	819	865	541

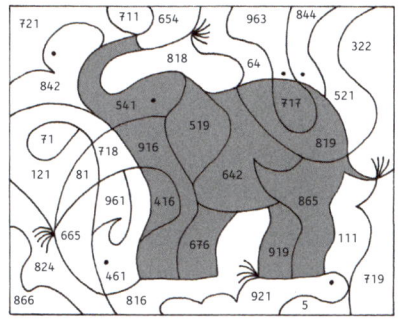

55

238	179	615
107	362	129
+ 446	+ 285	+ 248
791	826	992

446	283	228
105	165	649
+ 233	+ 379	+ 116
784	827	993

127	121	450	172
214	205	123	217
158	330	112	127
+ 302	+ 152	+ 164	+ 271
801	808	849	787

56

326	632	424	209
+ 546	+ 185	+ 257	+ 258
872	817	681	467

238	179	515	474
107	362	129	187
+ 446	+ 285	+ 248	+ 245
791	826	892	906

57

644 – 513	

644 – 500 = 144
144 – 10 = 134
134 – 3 = 131

849 – 316	567 – 251

849 – 300 = 549
549 – 10 = 539
539 – 6 = 533

567 – 200 = 367
367 – 50 = 317
317 – 1 = 316

994 – 652	756 – 524

994 – 600 = 394
394 – 50 = 344
344 – 2 = 342

756 – 500 = 256
256 – 20 = 236
236 – 4 = 232

658 – 243	475 – 234

658 – 200 = 458
458 – 40 = 418
418 – 3 = 415

475 – 200 = 275
275 – 30 = 245
245 – 4 = 241

58

```
  638        874        795        987
– 127      – 541      – 353      – 653
─────      ─────      ─────      ─────
  511        333        442        334
```

```
  473        956        598        435
– 262      – 324      – 465      – 324
─────      ─────      ─────      ─────
  211        632        133        111
```

```
  888        992        808        951
– 284      – 880      – 706      – 950
─────      ─────      ─────      ─────
  604        112        102          1
```

59

```
  473        794        562        846
– 228      – 536      – 145      – 329
─────      ─────      ─────      ─────
  245        258        417        517
```

60

```
  627        845        938        526
– 352      – 561      – 745      – 281
─────      ─────      ─────      ─────
  275        284        193        245
```

```
  788        345      👑 425        614
– 659      – 174      – 248      – 265
─────      ─────      ─────      ─────
  129        171        177        349
```

61

62

5 3 6	9 4 5	6 5 7	8 5 3
− 1 5 4	− 5 1 8	− 4 3 8	− 7 2 5
3 8 2	4 2 7	2 1 9	1 2 8

7 6 3	8 4 3	6 9 1	8 3 9
− 5 2 9	− 5 1 7	− 2 2 9	− 1 8 2
2 3 4	3 2 6	4 6 2	6 5 7

7 4 6	4 3 1	9 1 2	9 1 4
− 5 7	− 2 7 3	− 3 5 7	− 3 3 8
6 8 9	1 5 8	5 5 5	5 7 6

Z	L	P	U	D	K	V	F	G	D	J	K	N	V	P	J	V
U	M	A	C	H	L	S	O	D	W	E	I	T	E	R	!	Z
Z	B	F	G	J	B	K	N	U	P	F	N	L	G	B	U	P

63

9 4 0	2 3 0	8 6 0	5 1 0
− 3 3 6	− 1 5 5	− 4 2 8	− 2 9 2
E 6 0 4	D 7 5	U 4 3 2	T 2 1 8

3 0 5	7 0 4	4 0 6	6 0 2
− 1 2 4	− 5 8 2	− 3 1 9	− 2 4 9
S 1 8 1	I 1 2 2	B 8 7	S 3 5 3

1 0 0 0	1 0 0 0	1 0 0 0
− 1 1 8	− 4 7 3	− 9 2 3
R 8 8 2	P 5 2 7	U 7 7

Lösungssatz:
DU BIST SUPER!

64

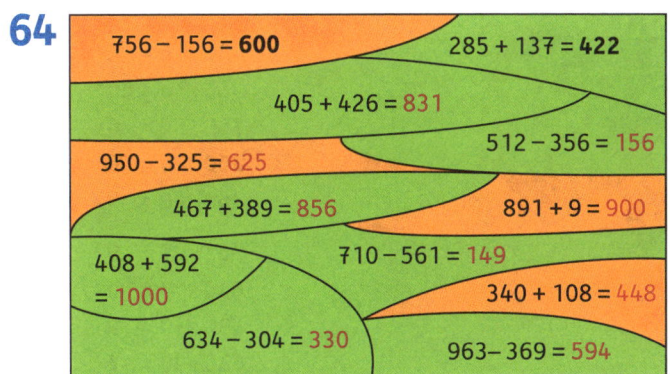

756 − 156 = **600**

285 + 137 = **422**

405 + 426 = 831

512 − 356 = 156

950 − 325 = 625

467 + 389 = 856

891 + 9 = 900

408 + 592 = 1000

710 − 561 = 149

340 + 108 = 448

634 − 304 = 330

963 − 369 = 594

Dein Farbmuster kann auch anders aussehen, je nachdem,
was du im Kopf rechnen konntest.

65

2 · 5 = **10**		
2 · 50 = **100**		
2 · 500 = 1000		
20 · 5 = 100		
200 · 5 = 1000		
500 · 2 = 1000	3 · 4 = 12	6 · 8 = 48
20 · 50 = 1000	3 · 40 = 120	6 · 80 = 480
50 · 20 = 1000	30 · 4 = 120	60 · 8 = 480

2 · 3 = 6	6 · 4 = 24	8 · 7 = 56
2 · 30 = 60	6 · 40 = 240	8 · 70 = 560
2 · 300 = 600	4 · 6 = 24	7 · 8 = 56
3 · 2 = 6	4 · 60 = 240	7 · 80 = 560
3 · 20 = 60		
3 · 200 = 600	3 · 8 = 24	7 · 7 = 49
300 · 2 = 600	3 · 80 = 240	7 · 70 = 490
20 · 30 = 600	8 · 3 = 24	9 · 9 = 81
30 · 20 = 600	8 · 30 = 240	9 · 90 = 810

1 · 1 = 1	1 · 10 = 10	10 · 10 = 100
10 · 100 = 1000	0 · 100 = 0	100 · 1 = 100

66

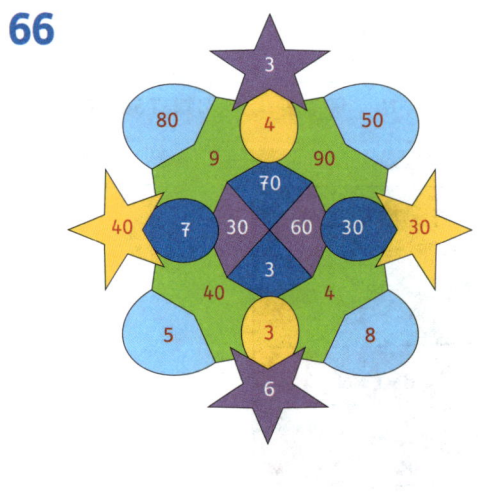

67

28 : 4 = 7
280 : 4 = 70
280 : 40 = 7
280 : 7 = 40
280 : 70 = 4

36 : 6 = 6
360 : 6 = 60
360 : 60 = 6
360 : 4 = 90
360 : 40 = 9

63 : 7 = 9
630 : 7 = 90
630 : 70 = 9
630 : 90 = 7
630 : 9 = 70

68

150 → : 30 → 5

7 → · 50 → 350

69

130 : 20 = **6** R **10** ▷ Jeder bekommt 6 Bonbons. 10 Bonbons bleiben übrig.

500 : 70 = 7 R 10 ▷ In jeder Schachtel sind 7 Knöpfe. 10 bleiben übrig.

650 : 80 = 8 R 10 ▷ Jedes Netz enthält 8 Äpfel. 10 bleiben übrig.

70

80 : 10 = **8**	100 : 10 = 10	60 : 3 = 20
81 : 10 = **8** R **1**	102 : 10 = 10 R 2	62 : 3 = 20 R 2
720 : 90 = 8	450 : 90 = 5	240 : 8 = 30
750 : 90 = 8 R 30	460 : 90 = 5 R 10	245 : 8 = 30 R 5
320 : 80 = 4	560 : 70 = 8	490 : 7 = 70
370 : 80 = 4 R 50	590 : 70 = 8 R 30	495 : 7 = 70 R 5
360 : 60 = 6	180 : 20 = 9	150 : 5 = 30
400 : 60 = 6 R 40	195 : 20 = 9 R 15	152 : 5 = 30 R 2

71

a) Es kostet pro Kind **90 €** und für **3**: R: 90 € · 3 = 270 € (Es sind 3 Geschwister.)

b) **Emil und Elias** brauchen noch R: 60 € · 2 = 120 €
neue Schlafsäcke für **je 60 €**. (für die 2 Brüder)

c) Die Eltern geben **jedem** R: 20 € · 3 = 60 €
Kind 20 € Taschengeld mit. (für die 3 Kinder)

d) Wie teuer wird es insgesamt? R: 270 € + 120 € + 60 € = 450 €
A: Es kostet insgesamt 450 €.

72

a) R: 26 + 4 = 30   und   R: 30 · 8 = 240
(26 Kinder und 4 Betreuer sind 30 Personen. Für jeden 8 Flaschen = 240 Flaschen)
A: 240 Flaschen Wasser werden für alle gebraucht.

b) R: 30 · 4 = 120   und   R: 130 − 120 = 10
(26 Kinder und 4 Betreuer sind 30 Personen. Jeder isst 4 Würstchen = 120 Würstchen)
A: 10 Würstchen bleiben übrig.

73 Wichtig! Für beide Aufgaben musst du zuerst ein Zwischenergebnis
finden, mit dem du weiterrechnen kannst:

Das Doppelte von 40 ist 80.   (2 · 40 = 80)
Das Vierfache von 30 ist 120.   (4 · 30 = 120)

40 — · 2 → 80 — + 120 → **200**

 Rechne die Umkehraufgaben:
125 · 2 = 250 und 250 : 5 = 50

74 a) R: 255 + 5 = 260   260 : 2 = 130

Dann wären es 130 Jungen und 130 Mädchen. Es sind aber 5 Mädchen weniger als Jungen:

130 − 5 = 125 (Mädchen) und 125 + 5 = 130 (Jungen) bzw.

255 − 125 = 130 (Jungen) oder 125 + 130 = 255

A: Zur Schlauberger-Schule gehen 130 Jungen.

b) R: 70 Schüler in jeder der 4 Jahrgangsstufen:

4 · 70 = 280 (Schüler insgesamt an der Grünschnabel-Schule)

  255 (Schüler insgesamt an der Schlauberger-Schule)

280 − 255 = 25

A: Die Grünschnabel-Schule hat 25 Schüler **mehr**.

75

76 A B C D E T V W
Y U M I K H O X

77 ~~ECKE~~ OTTO MAMA ~~BEIDE~~
SOS ~~BOX~~ UHU ANNA TAT
~~ECHO~~ ~~KOCH~~ LOCH ~~COCO~~

78

keine Spiegel-achse

79

80

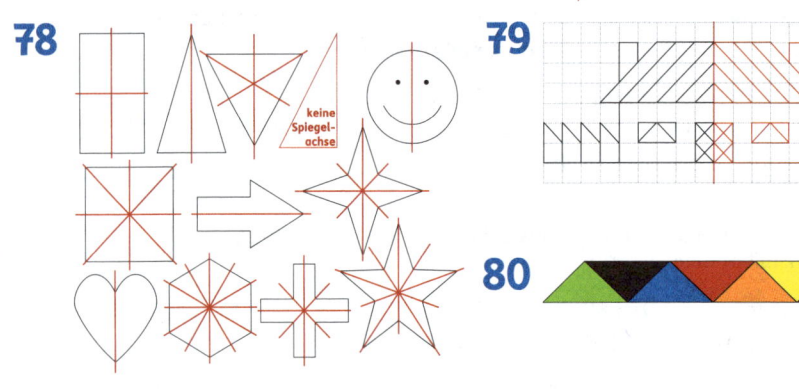

81

Ein Stopp bei einer Zahl unter 30 ist unmöglich.

Das Rad stoppt ganz sicher bei einer geraden Zahl.

Sehr wahrscheinlich gewinnt keine gerade Zahl.

Eine Gewinnzahl mit 2 Zehnern ist wahrscheinlich.

82

☒ sicher bei Rot oder Blau
○ Blau ist wahrscheinlicher
☒ nur bei einer Zahl ohne Z (nur E)
○ unmöglich bei 8 oder 9

○ sehr wahrscheinlich bei Gelb
○ ganz sicher bei Grün
☒ bei einer Zahl über 30
☒ die Zahl ist höchstens 4 · 9

☒ alle drei Farben sind gleich wahrscheinlich
○ sicher bei einer Zahl aus der 3er-Reihe
☒ sicher nicht bei Rot
☒ eine Zahl mit Z und E ist wahrscheinlich

83 Die Anordnung der Zahlen oder Farben ist egal, aber

▶ möglicherweise bei 5 oder 10
  → Die Zahlen 5 **und** 10 müssen dabei sein.

▶ wahrscheinlich bei einem Teiler von 12
  → Teiler von 12 sind 1, 2, 3, 4, 6 und 12.
  4 Felder müssen damit belegt werden,
  aber es können auch Zahlen mehrfach
  vorkommen.

▶ wahrscheinlich bei Orange
  → Orange muss die **Mehrzahl der Felder**
  ausmachen, also mindestens 4 Felder.

▶ sicher bei Gelb oder bei Orange
  → 1 oder 2 Felder sind gelb. Es gibt **keine
  andere Farbe** außer Gelb und Orange.

Beispiele:

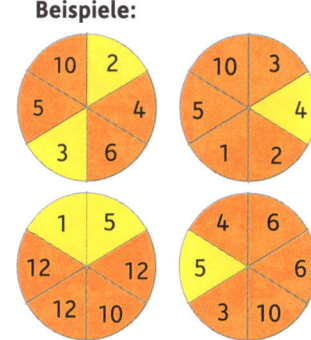

84

1	2	3	4	5	6	7	8
B	A	U	S	T	E	I	N

85 Weitere Möglichkeiten, wo rechte Winkel sind: an den Ecken von Tisch, Schrank, Bett, Fensterbrett, Blatt Papier, Schulheft, Buch, Block, Postkarte, Bauklotz, Lineal, Pappschachtel, Computer, Fernseher, CD-Hülle ...

86

Name	Bild	Beschreibung	
Würfel		6 Flächen 8 Ecken 12 Kanten	24 rechte Winkel
Quader		6 Flächen 8 Ecken 12 Kanten	24 rechte Winkel
Kegel		2 Flächen 1 Spitze 1 Kante	0 rechte Winkel
Zylinder		3 Flächen 0 Ecken 2 Kanten	0 rechte Winkel
Kugel		1 Fläche 0 Ecken 0 Kanten	0 rechte Winkel
Pyramide		5 Flächen 5 Ecken 8 Kanten	4 rechte Winkel

87 Würfel, Zylinder, Kugel, Pyramide, Kegel

Es fehlt der Quader.

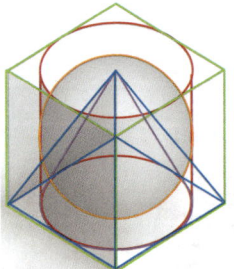

88

Kugel Zylinder Kegel	Würfel Quader Pyramide

89 a) Lilly   b) Clara   c) Nele   d) Jule

90 Wie viele Zahnstocher brauchst du? 12
Wie viele Kugeln aus Knete musst du formen? 8
Körper mit geraden Kanten kannst du gut basteln: z. B. Quader, Pyramide.

91 Hast du deinen Körper gut trainiert? Hebe deinen Würfel auf und übe immer wieder mal.

92

93

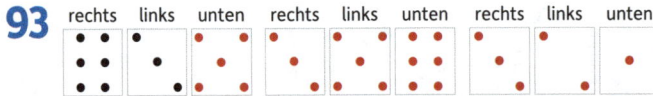

rechts	links	unten	rechts	links	unten	rechts	links	unten

94 Sie geht nach rechts, nach oben, nach links: E
Sie geht nach oben, nach rechts, nach unten: B
Sie geht nach oben, nach links, nach rechts, nach unten: C

Wenn die Maus ab A nur an **genau zwei Kanten** entlang-
laufen darf, kann sie die Ecke G nie erreichen.

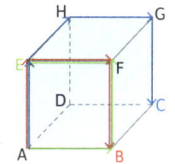

95 1 cm = 10 mm   1 m = 100 cm   1 km = 1000 m

96 a) 26 mm = 2,6 cm   I   1000 m = 1 km   R   b) K I L O M E T E R
0,50 m = 50 cm   L   0,5 km = 500 m   T
15 mm = 1,5 cm   K   520 cm = 5,2 m   E
1,62 m = 162 cm   O   260 cm = 2,6 m   M
600 m = 0,6 km   E

97

```
                              8 8, 3 5 m
    1, 2 5 m       3, 8 6 m   7 2, 5 0 m
  + 2, 5 0 m    + 1 6, 1 4 m  + 3 9, 7 5 m
                    1 1 1        2 1 1
  ──────────    ────────────  ──────────────
    3, 7 5 m     2 0, 0 0 m   2 0 0, 6 0 m
```

98

250 cm   25 mm   500 cm   5,5 m
5 cm   0,5 m   0,65 m   6,25 m
1 km   100 cm   1,25 m   1,5 m

99 a) 20 cm = 0,20 m   b) 0,5 km = 500 m   c) 20 m = 20,00 m
3 m 10 cm = 3,10 m   4 m 35 cm = 4,35 m

```
a)   0, 2 0 m     b)     9 5 m     c)
     0, 5 0 m            5 0 0 m          2 0, 0 0 m
   + 3, 1 0 m          + 2 4 0 m      −      4, 3 5 m
                         1
   ──────────         ──────────      ──────────────
     3, 8 0 m            8 3 5 m          1 5, 6 5 m
```

100 a) R: 340 m + 500 m = 840 m (Ein halber km sind 500 m.)
     A: Theos Schulweg ist 840 m lang.

b) R: 340 m + 200 m = 540 m
     A: Paul radelt 540 m zum Fußballplatz.

101

1 Runde	4 Runden	1/2 Runde
50 m · 4 = 200 m	200 m · 4 = 800 m	50 m · 2 = 100 m

R: viereinhalb Runden: 200 m · 4 + 100 m =
                      800 m + 100 m = 900 m

1000 m > 900 m
A: Theo hat mit 1000 m die längere Strecke geschafft.

102

1000 g	= 1 kg	1000 kg	= 1 t
1 halbes Kilo	= 500 g	1 halbe Tonne	= 500 kg
750 g	= 0,750 kg	500 kg	= 0,5 t

103

1 t: Kleinwagen wiegen ca. 1 t, größere Autos sind noch schwerer. Ausgewachsene Rinder und Giraffen wiegen zwischen 800 kg und 1200 kg.

1 kg: Eine volle Glasflasche mit 0,75 l Wasser wiegt ungefähr 1 kg.

100 g: Ein leerer Eimer wiegt ca. 100 g. Mit Wasser gefüllt wiegt er ca. 10 kg.

104

Butter: 250 g   Nudeln: 500 g

105

2500 g	= 2,5 kg	2,3 kg	= 2 kg 300 g = 2300 g
6 kg 500 g	= 6,5 kg	10 · 100 g	= 1000 g = 1 kg
500 g	= 0,5 kg	3 · 250 g	= 750 g = 0,750 kg
650 g	= 0,650 kg	5 kg : 5	= 1 kg = 1000 g

106

	5 Tafeln Schokolade zu je 100 g	100 g + 100 g + 100 g + 100 g + 100 g = 500 g 100 g · 5 = 500 g = 0,5 kg
	Fünf 200 g-Stücke Käse	200 g + 200 g + 200 g + 200 g + 200 g = 1000 g 200 g · 5 = 1000 g = 1 kg
	Zwei 500 g-Nudelpackungen	500 g + 500 g = 1000 g 500 g · 2 = 1000 g = 1 kg
	3 Päckchen Butter zu je 250 g	250 g + 250 g + 250 g = 750 g 250 g · 3 = 750 g = 0,750 kg

107 Überlege zuerst und rechne alles in g um.

Kartoffeln: 2, 5 kg = 2 5 0 0 g
Karotten: 1 kg = 1 0 0 0 g
Spinat: 1/2 kg = 5 0 0 g
Schnitzel: 4 · 2 0 0 g = 8 0 0 g
Joghurt: 1 5 0 g · 3 = 4 5 0 g
Tasche: 5 kg = 5 0 0 0 g
5000 g sind weniger als 5250 g!

2 5 0 0 g
1 0 0 0 g
5 0 0 g
8 0 0 g
+ 4 5 0 g
₂
5 2 5 0 g

A: Lina kann nicht alles in der Tasche nach Hause tragen.

108 a) R: 30 t : 2 = 15 t   15 t − 1 t = 14 t
(Die Hälfte der 30 t kauft die Chipsfabrik und 1 t behält er auf dem Hof.)
A: Bauer Bolle bringt 14 t Kartoffeln zum Großmarkt.

b) R: 1 t = 1000 kg   1000 kg : 2 kg = 500
A: 500 Säcke Kartoffeln bietet er direkt ab Hof an.

109 a) In beiden Tests kam die Note 1 am häufigsten vor.
b) Die Note 4 gab es beide Male gleich oft.
c) Die Note 6 gab es beim 2. Test gar nicht mehr.
d) In die 3a gehen 25 Kinder.

110

	Note 2	Note 5
1. Test	4-mal	0-mal
2. Test	7-mal	2-mal

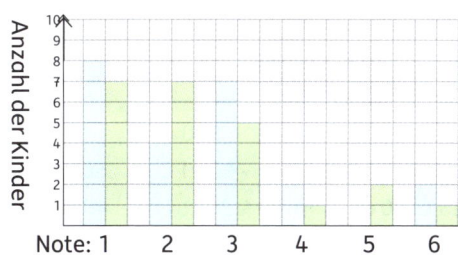

111

a

👑

	3a	3b	3c	3d	3. Klassen insgesamt
insgesamt	22	25	24	23	94
Mädchen	10	15	12	11	48
Jungen	12	10	12	12	46

b

	4a	4b	4c	4. Klassen insgesamt
insgesamt	25	25	25	75
Mädchen	12	12	13	37
Jungen	13	13	12	38

112

K	250 €	300 €	Ö
E	900 €	280 €	R
T	895 €	1000 €	N

250 € < 280 € < 300 € < 895 € < 900 € < 1000 €

K	R	Ö	T	E	N

113

409,08 € = 409 € 8 ct   799,20 € = 799 € 20 ct

433,34 € = 433 € 34 ct   987,65 € = 987 € 65 ct

914,00 € = 914 € (0 ct)   642,46 € = 642 € 46 ct

450 € 50 ct = 450,50 €   145 € 95 ct = 145,95 €

10 € 9 ct = 10,09 €   300 € 412 ct = 304,12 €

505 € 5 ct = 505,05 €   899 € 101 ct = 900,01 €

0 € 7 ct = 0,07 €   6 € 500 ct = 11 €

114

250 € + 47 € + 3 € = 300 €

245 € + 145 € + 110 € = 500 €

355 € + 355 € + 190 € = 900 €

514 € + 126 € + 60 € = 700 €

777 € 50 ct + 22 € 50 ct = 800 €

450 € 50 ct + 49 € 50 ct + 100 € = 600 €

266 € + 33 € 80 ct + 100 € 20 ct = 400 €

400 € + 500 € + 50 € + 49,50 € + 0,50 € = 1000 €

115

```
  1 0, 7 5 €        3 8 9, 9 0 €        1 1 2, 5 0 €
+ 2 4, 1 5 €      + 3 1 7, 1 0 €      + 2 4 9, 2 0 €
        1              1 1 1                1
  3 4, 9 0 €        7 0 7, 0 0 €        3 6 1, 7 0 €
```

116

```
  4 5 9, 0 0 €        5 7 6, 7 0 €
+ 1 2 0, 3 0 €      + 3 3 3, 0 0 €
                          1
  5 7 9, 3 0 €        9 0 9, 7 0 €
```

```
  4 0 0, 0 0 €        6 1 2, 4 5 €        1 0 0 0, 0 0 €
− 2 2 4, 5 0 €      + 3 1 6, 8 4 €      −   8 2 9, 9 5 €
                          1
  1 7 5, 5 0 €        9 2 9, 2 9 €        1 7 0, 0 5 €
```

117

Waschmaschine + Bett	Fahrrad + Fernseher	Herd + Kühlschrank

```
  5 2 5, 5 0 €        4 4 9, 4 5 €          4 5 1 €
+ 4 7 4, 5 0 €      + 5 5 0, 5 5 €        + 5 4 9 €
    1 1 1              1 1 1 1                1 1
1 0 0 0, 0 0 €      1 0 0 0, 0 0 €        1 0 0 0 €
```

118
3 Lollis: 3 · 0,70 € = 3 · 70 ct = 210 ct = 2,10 €
5 Kakaotüten: 5 · 1,50 € = 7,50 € (5 · 1 € = 5 € und 5 · 50 ct = 2,50 €)
4 Bratwürste: 4 · 2,50 € = 10 € (4 · 2 € = 8 € und 4 · 50 ct = 2 €)

119

```
  3 3 4, 9 0 €
  3 1 7, 5 0 €
+ 1 6 2, 5 0 €
    1 1 1
  8 1 4, 9 0 €
```

A: Nein, die Möbel kosten mehr
als 800 €. Es fehlen 14,90 €.

120

7 Übernachtungen	Unterkunft + Essen

```
7 · 1 0 5 €                    4 6, 5 7 €
7 · 1 0 0 € = 7 0 0 €        1 1 6, 1 3 €
7 ·     5 € =     3 5 €        4 8, 0 0 €
                              5 3, 0 0 €
  7 0 0 €                  + 7 3 5, 0 0 €
+   3 5 €                      1 2   1
                            9 9 8, 7 0 €
  7 3 5 €
```

A: Für Unterkunft und Essen geben sie 998,70 € aus.

121

07.20 Uhr	01.50 Uhr	06.08 Uhr	12.42 Uhr	09.46 Uhr
19.20 Uhr	13.50 Uhr	18.08 Uhr	00.42 Uhr	21.46 Uhr

05.03 Uhr	03.37 Uhr	08.16 Uhr	02.59 Uhr	04.22 Uhr
17.03 Uhr	15.37 Uhr	20.16 Uhr	14.59 Uhr	16.22 Uhr

122

123

1 Stunde = 60 Minuten 1 Minute = 60 Sekunden
1 h = 60 min 1 min = 60 sec

2 h = 120 min 120 sec = 2 min
5 h = 300 min 180 sec = 3 min
½ h = 30 min 600 sec = 10 min
(eine halbe Stunde)

124

4 Uhr 59 und 55 Sekunden 8 Uhr 58 und 50 Sekunden 9 Uhr 48 und 7 Sekunden 10 Uhr 2 und 46 Sekunden

7 Uhr 41 und 0 Sekunden 4 Uhr 57 und 33 Sekunden 8 Uhr 18 und 40 Sekunden 4 Uhr 54 und 43 Sekunden

125

a) 27 min 23 min 36 min 36 min

b) von 06:30 bis 09:30 = 3 h von 08:17 bis 12:17 = 4 h
von 11:48 bis 16:48 = 5 h von 09:05 bis 17:05 = 8 h

c) von 12:15 bis 15:30 = 3 h 15 min von 07:45 bis 10:00 = 2 h 15 min
von 14:50 bis 15:05 = 0 h 15 min von 10:57 bis 12:00 = 1 h 3 min

126

a) R: 8 Uhr → + 5 h → 13 Uhr 5 h – 4 h 30 min = 30 min

A: Die Pausenzeit war insgesamt 30 min lang.

b) R: 13.00 Uhr → + 30 min + 45 min → 14.15 Uhr

A: Der Computerkurs ist um 14.15 Uhr zu Ende.

c) R: 8.00 Uhr → + 3 h 20 min → 11.20 Uhr

3 h 20 min – 20 min = 3 h
(Schulzeit) (Pausenzeit) (Unterrichtszeit)

A: Die 3b hat freitags 3 Stunden Unterricht.

Hier sind ganze Zeitstunden gemeint! Normalerweise ist eine Schulstunde nur 45 min lang. 4 Unterrichtsstunden bedeuten also:
4 · 45 min = 180 min. (Das sind auf der Uhr aber 3 ganze Stunden.)

Test 1: Rechnen bis 100 und Einmaleins

1 42 + 36 = 78   27 + 19 = 46   84 − 56 = 28

78 − 36 = 42   46 − 19 = 27   28 + 56 = 84

2 56 $\xrightarrow{+\ 29}$ 85 $\xrightarrow{-\ 77}$ 8 $\xrightarrow{\cdot\ 5}$ 40

3 Alle Möglichkeiten:

Teiler von 18:	1	2	3	6	9	18	/	/
Teiler von 24:	1	2	3	4	6	8	12	24

4 Rechne die Umkehraufgabe: 56 : 7 = 8   8 $\xrightarrow{\cdot\ 7}$ (56)
Die Zahl heißt: 8.

5 Mona und 4 Kinder sind zusammen 5 Freunde. Ich suche ein
Vielfaches von 5 zwischen 20 und 30 → 25 und überprüfe die
Vermutung mit der Rechnung: 25 : 5 = 5
A: Es sind insgesamt 25 Bonbons (und jeder bekommt 5).

Test 2: Zahlen bis 1000

1

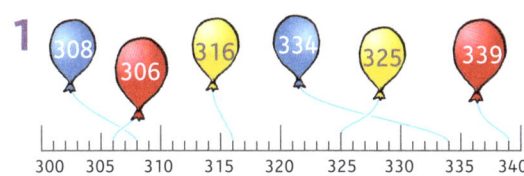

300 305 310 315 320 325 330 335 340

2 167 < 176 < 607 < 617 < 671 < 677

3

H	Z	E	H	Z	E	H	Z	E
285			704			426		

4 immer + 50

300 350 400 450 500 550 600 650 700

immer −10, −5, −10, −5 …

920 910 905 895 890 880 875 865 860

Test 3: **Rechnen bis 1000**

1

245
- $+ 5\ E = 250$
- $+ 5\ Z = 295$
- $+ 5\ H = 745$

899
- $- 8\ E = 891$
- $- 8\ Z = 819$
- $- 8\ H = 99$

2

$570 + 67 = 637$

$365 + 80 = 445$

$426 - 50 = 376$

$950 - 320 = 630$

$220 + 360 = 580$

$670 + 180 = 850$

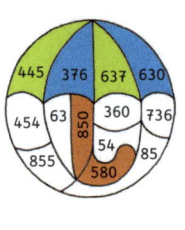

3

$400 \oplus 600 \qquad 420 \oplus 580 \qquad 942 \oplus 58$

4

+	42	46	48
13	55	59	61
323	365	369	371
334	376	380	382

–	67	76	106
667	600	591	561
677	610	601	571
776	709	700	670

5

$750 \xrightarrow{-250} 500 \xrightarrow{+111} 611 \xrightarrow{+49} 660$

$99 \xrightarrow{+101} 200 \xrightarrow{-20} 180 \xrightarrow{+515} 695$

$427 \xrightarrow{+23} 450 \xrightarrow{-405} 45 \xrightarrow{+545} 590$

6 a) R: $20 + 20 + 20 + 20 = 80$ oder: $4 \cdot 20 = 80$
A: In der Schule gibt es 80 Drittklässler.

b) R: $340 - 80 = 260$
A: Im Schulhaus sind heute nur 260 Kinder.

Test 4: **Schriftliches Rechnen und Einmaleins**

1

```
  4 7 6        4 7 6
+ 1 8 9      - 1 8 9
  1 1
  6 6 5        2 8 7
```

2

```
  3 1 7      8 1 4        2 3 7        3 9 9
+ 4 8 3    - 4 8 1      5 9 6        4 0 8
  1 1                  + 1 0 8      + 1 9 3
                         1 2          1 2 2
  8 0 0      3 3 3        9 4 1      1 0 0 0

  5 3 0      2 5 5        6 0 6        8 0 4
- 2 0 9    + 5 5 5      - 3 9 8      - 4 0 8
             1 1
  3 2 1      8 1 0        2 0 8        3 9 6
```

3

```
  6 8 2      3 7 7    👑 9 0 8        6 3 9
+ 1 2 5    + 2 3 3     - 1 0 6      - 3 6 6
  1          1 1
  8 0 7      6 1 0        8 0 2        2 7 3
```

4 *Je Rechenschritt* *1 Punkt*

a)

433 →($+367$ / -367)→ 800 ←($:2$ / $\cdot 2$)← 400

b) 👑

564 →(-444 / $+444$)→ 120 ←($2 \cdot 60$)

5 *Je Rechnung und Antwort* *1 Punkt*

a) R: 198 + 5 = 203 (5 Personen kommen nicht mit.)

A: Es wurden insgesamt 203 Tickets verkauft.

b) R: 2 10 : 2 = 105 Denke am besten in 2 Schritten:
200 : 2 = 100 und 10 : 2 = 5   100 + 5 = 105

A: Auf dem Rückflug fliegen 105 Fluggäste mit.

Test 5: Körperformen und Kombinatorik

1 *Je Form* *1/2 Punkt*

2 6 Quadrate: Würfel.
lauter Rechtecke: Quader.
2 Kreise + 1 eingerolltes Rechteck: Zylinder.
1 Kreis als Grundfläche + eine Spitze: Kegel.
1 Quadrat + 4 Dreiecke: Pyramide.

Beachte: Würfel sind auch Quader, aber sie sind mit den 6 gleichen
Seitenflächen besonders und haben deshalb einen eigenen Namen.

3 *Je ganzer Form (= 3 Teile)* *1 Punkt*

4 *Je Kombination* *1/2 Punkt*, *für das Ergebnis* *1 Punkt*

1	A + B	5	B + C	8	C + D	10	D + E
2	A + C	6	B + D	9	C + E		
3	A + D	7	B + E				
4	A + E						

Beachte: A + B = B + A
Spieler A + Spieler B
ist dasselbe Paar wie
Spieler B + Spieler A.

A: Es gibt 10 verschiedene Möglichkeiten.

5 F: Wie viele Rosen bekommt Oma Anna?
R: 3 · 2 = 6 (Annas Enkelkinder)
6 · 3 = 18 (Jedes Enkelkind schenkt 3 Rosen.)
A: Oma Anna bekommt von ihren Enkelkindern 18 Rosen.

Test 6: Längenmaße, Gewichte und Diagramme

1
400 m = 0,4 km   300 cm =   3 m
0,8 m = 80 cm   80 cm = 800 mm
120 mm = 12 cm   12 cm = 0,12 m

2
700 g = 0,7 kg   500 g = 0,5 kg
1000 g =   1 kg   0,9 kg = 900 g
0,4 kg = 400 g   4 · 250 g =   1 kg

3

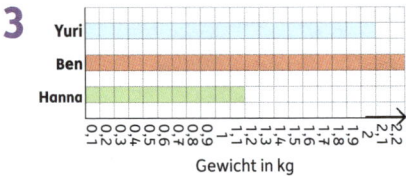

Gewicht in kg

4 *Je richtiger Teilrechnung 1 Punkt, Schlussrechnung 1 Punkt*

R: Länge der Ketten:

3,00 m	3,00 m	3,00 m
− 0,40 m	− 0,50 m	− 0,60 m
2,60 m	2,50 m	2,40 m

Schaukelketten an je 2 Seiten:

2,60 m	2,50 m	2,40 m
+ 2,60 m	+ 2,50 m	+ 2,40 m
1	1	
5,20 m	5,00 m	4,80 m

Gesamtlänge der Ketten:

5,20 m
5,00 m
+ 4,80 m
1
15,00 m

A: Es werden insgesamt 15,00 m Kette benötigt.

Test 7: Rechnen mit Zeiten

Die Fahrt von Hochberg nach Windau dauert 1 h 7 min.

Von Niederstadt nach Sonnach fährt man 39 min.

Der Zug **nach** 17.00 ab Burgdorf geht um 17.20 Uhr.

… Sie muss noch 13 min warten.

Am Sonntag kommt Papa mit dem vorletzten Zug um 20.52 Uhr in Windau an.

👑 … Man braucht also nicht wie sonst 14 min, sondern 19 min.

66 Rechenmandala: Rechne zuerst alle Aufgaben aus.
Male verwandte Aufgaben mit der gleichen Farbe an.

Beispiel für verwandte Aufgaben:

200 : 4 = **50**   200 : 40 = **5**   200 : 5 = **40**   200 : 50 = **4**

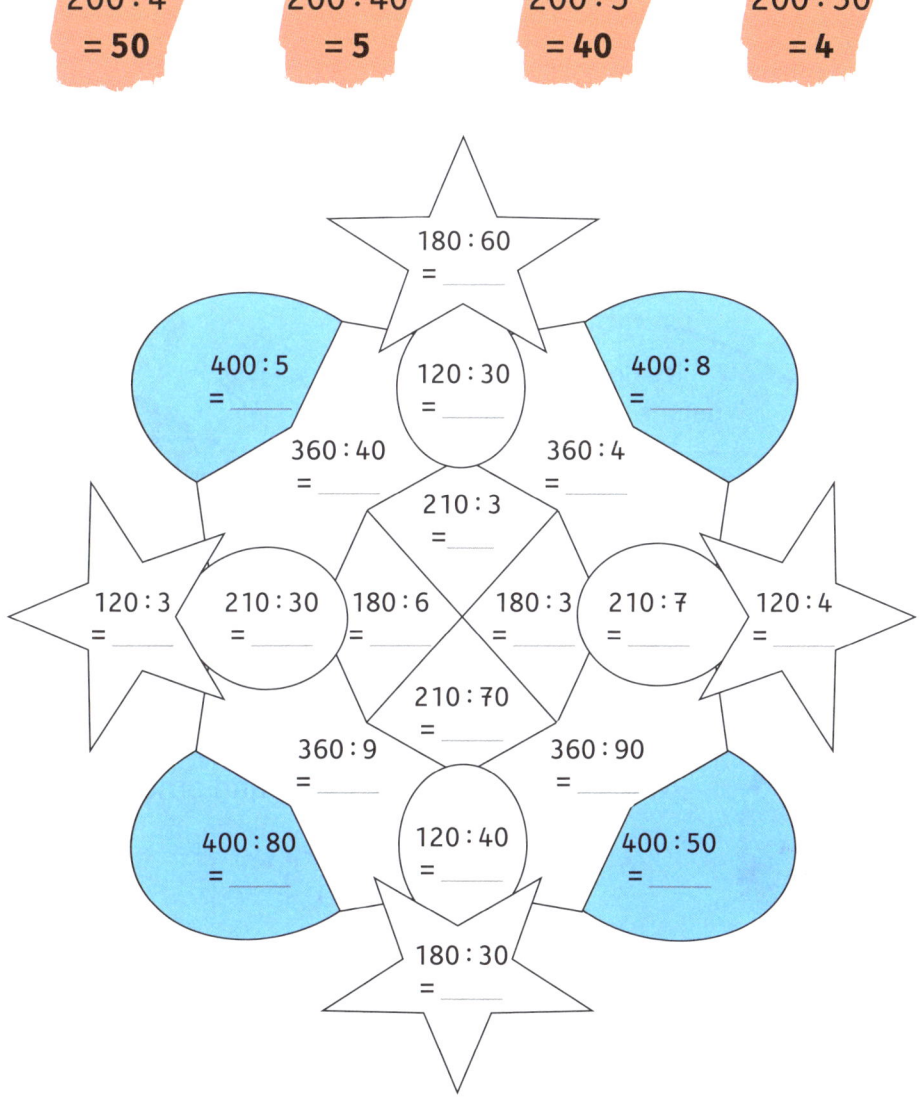

67 Teilen mit großen Zahlen

28 : 4 = ____	36 : 6 = ____	63 : 7 = ____
280 : 4 = ____	360 : 6 = ____	630 : 7 = ____
280 : 40 = ____	360 : 60 = ____	630 : 70 = ____
280 : 7 = ____	360 : 4 = ____	630 : 90 = ____
280 : 70 = ____	360 : 40 = ____	630 : 9 = ____

68 Finde die Zahl.

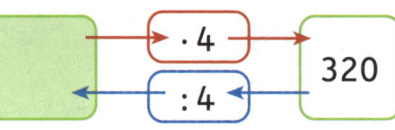

Ich denke mir eine Zahl.
Ich nehme sie mal 4 und erhalte 320.

· 4

320

: 4

Ich rechne andersherum.
Die gesuchte Zahl heißt **80**!

Ning teilt ihre Zahl durch 30 und erhält 5.

: 30 → 5

Selek nimmt seine Zahl mal 50 und erhält 350.

· 50 → 350

69 Achtung: Hier bleibt ein Rest übrig!

Verteile 130 Bonbons an die 20 Kinder der Klasse 3b:

$130 : 20 = \mathbf{6}$ Rest **10**

Jeder bekommt ____ Bonbons.

____ Bonbons bleiben übrig.

Verteile 500 Knöpfe in 70 Schachteln:

$500 : 70 =$ ____ R ____

In jeder Schachtel sind ____

Knöpfe. ____ bleiben übrig.

Verteile 650 Äpfel in 80 Netze:

$650 : 80 =$ ____ R ____

Jedes Netz enthält ____

Äpfel. ____ bleiben übrig.

70 Löse die Aufgaben.

$80 : 10 = \mathbf{8}$	$100 : 10 =$ ___	$60 : 3 =$ ___
$81 : 10 = \mathbf{8}$ R **1**	$102 : 10 =$ ___ R ___	$62 : 3 =$ ___ R ___
$720 : 90 =$ ___	$450 : 90 =$ ___	$240 : 8 =$ ___
$750 : 90 =$ ___ R ___	$460 : 90 =$ ___ R ___	$245 : 8 =$ ___ R ___
$320 : 80 =$ ___	$560 : 70 =$ ___	$490 : 7 =$ ___
$370 : 80 =$ ___ R ___	$590 : 70 =$ ___ R ___	$495 : 7 =$ ___ R ___
$360 : 60 =$ ___	$180 : 20 =$ ___	$150 : 5 =$ ___
$400 : 60 =$ ___ R ___	$195 : 20 =$ ___ R ___	$152 : 5 =$ ___ R ___

71 Die Geschwister Emma, Emil und Elias fahren ins Zeltlager.

a Das Zeltlager kostet pro Kind 90 €. Was kostet es für 3 Kinder?   R: _____

b Emil und Elias brauchen noch neue Schlafsäcke für je 60 €.   R: _____

c Die Eltern geben jedem Kind 20 € Taschengeld mit.   R: _____

d Wie teuer wird es insgesamt?   R: _____

A: _____

72 Am Zeltlager nehmen 26 Kinder und 4 Betreuer teil.

a Wie viele Flaschen Wasser müssen sie dabeihaben, wenn für jede Person 8 Flaschen da sein sollen?

R: _____   R: _____

A: _____

b Es werden 130 Würstchen zum Grillen mitgenommen. Beim Grillabend isst jeder 4 Würstchen. Wie viele Würstchen bleiben übrig?

R: _____

A: _____

73 Zahlenrätsel: Welche Zahl ist es?

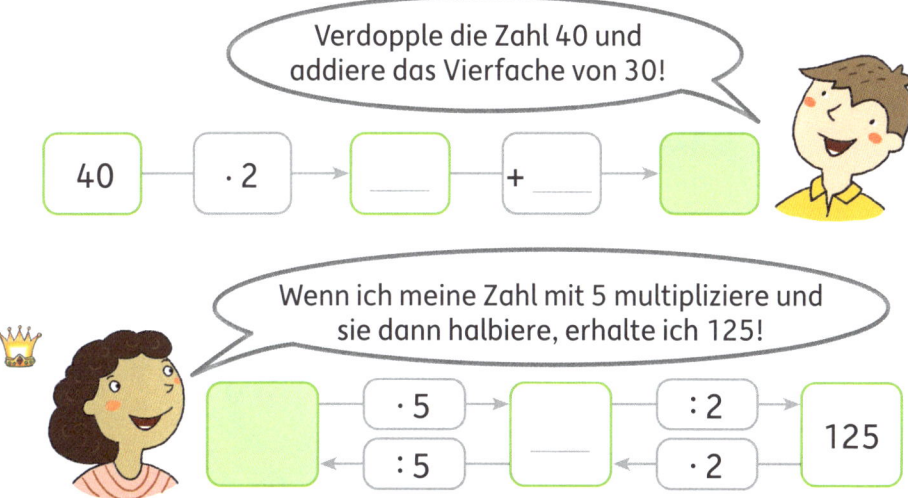

74 Die Schlauberger-Schule hat insgesamt 255 Schüler.
An der Grünschnabel-Schule sind jeweils 70 Schüler in
jeder der vier Jahrgangsstufen.

a Mit 5 Mädchen mehr wären an der Schlauberger-Schule
genau gleich viele Mädchen wie Jungen.
Wie viele Jungen lernen dort zur Zeit?

R: _____

_____

A: Zur Schlauberger-Schule gehen _____ Jungen.

b Welche Schule hat mehr Schüler? Wie viele mehr?

R: _____

A: Die _____-Schule hat _____ Schüler **mehr**.

Test 4: Schriftliches Rechnen und Einmaleins

1 Schreibe untereinander und rechne aus.

$$476 + 189 \qquad\qquad 476 - 189$$

2 Rechne schriftlich aus:

```
            2 3 7       3 9 9
  3 1 7     8 1 4     5 9 6       4 0 8
+ 4 8 3   - 4 8 1   + 1 0 8     + 1 9 3
—————     —————     —————       —————


  5 3 0     2 5 5     6 0 6       8 0 4
- 2 0 9   + 5 5 5   - 3 9 8     - 4 0 8
—————     —————     —————       —————
```

3 Welche Ziffern fehlen?

```
    8 2     3 7       9 0         3 9
+ 1   5   +   3 3   - 1   6   - 3 6
  1         1 1
—————     —————     —————     —————
  8 0       6   0       0 2     2   3
```

4a Die gesuchte Zahl erhältst du, wenn du zu **433** die Zahl **367 addierst** und das Ergebnis **halbierst**.

Punkte:

◯ /2

b Wenn du von der gesuchten Zahl **444 abziehst**, erhältst du das **Doppelte von 60**.

◯ /2

5 Das Flugzeug für den Flug von Berlin nach London hat Platz für 210 Fluggäste. 5 Fluggäste mit Tickets verpassen den Flug. Als das Flugzeug abhebt, sind deshalb nur 198 Fluggäste an Bord.

a Wie viele Tickets wurden insgesamt verkauft?

R: _____

A: _____

◯ /2

b Auf dem Rückflug ist die Maschine nur halb besetzt. Wie viele Fluggäste fliegen mit?

R: _____

A: _____

◯ /2

Gesamt: ◯ /22

75 Zeichne **alle** Symmetrieachsen ein:

76 Buchstaben mit **einer** oder **mehreren Symmetrieachsen**:

A B C D E T V W

Y U M I K H O X

77 Welche Wörter haben Symmetrieachsen? Zeichne ein.

~~ECKE~~ OTTO MAMA BEIDE

SOS BOX UHU ANNA TAT

ECHO KOCH LOCH COCO

78 Findest du bei diesen Formen **alle** Symmetrieachsen?

79 Spiegle das Doppelhaus: Zeichne die zweite Hälfte dazu.

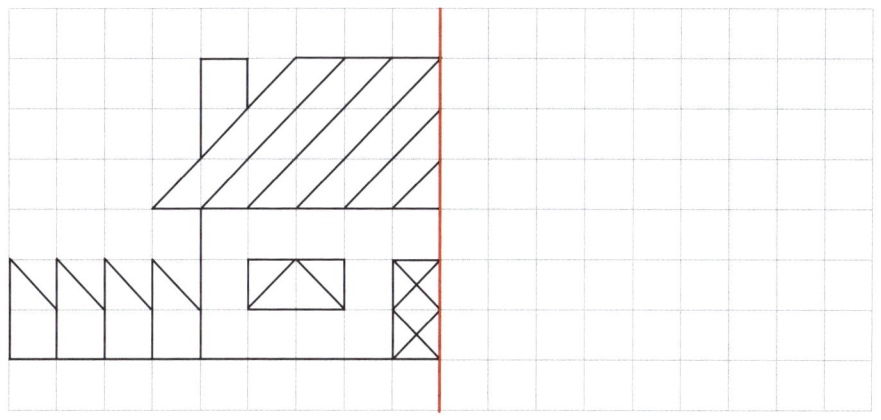

80 Finde die Farbverteilung heraus.

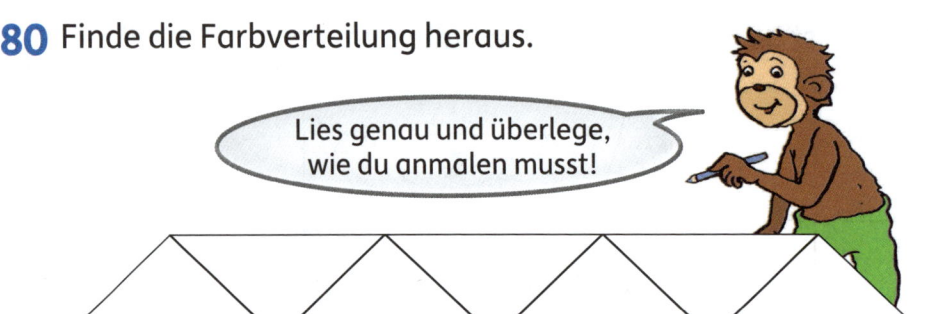

Lies genau und überlege, wie du anmalen musst!

▶ Ein Dreieck ist gelb und steht auf der Spitze.

▶ Das mittlere Dreieck ist rot.

▶ Neben dem gelben Dreieck sind beide Dreiecke orange.

▶ Ein grünes Dreieck liegt ganz außen.

▶ Zwischen Grün und Blau liegt Schwarz.

▶ Das blaue Dreieck liegt weiter rechts als das grüne.

81 Zu welchem Glücksrad passt die Aussage?
Male beides mit der gleichen Farbe an.

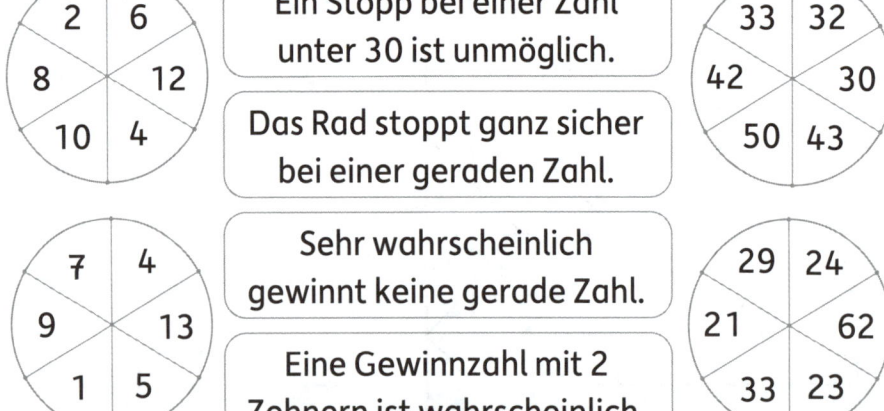

82 Wo wird das Glücksrad halten? Kreuze an, was stimmt!

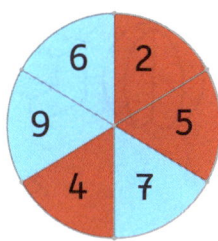

- ○ sicher bei Rot oder Blau
- ○ Blau ist wahrscheinlicher
- ○ nur bei einer Zahl ohne Z (nur E)
- ○ unmöglich bei 8 oder 9

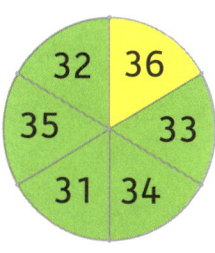

- ○ sehr wahrscheinlich bei Gelb
- ○ ganz sicher bei Grün
- ○ bei einer Zahl über 30
- ○ die Zahl ist höchstens $4 \cdot 9$

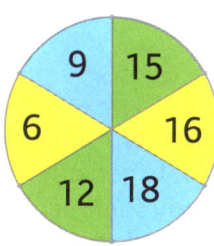

- ○ alle drei Farben sind gleich wahrscheinlich
- ○ sicher bei einer Zahl aus der 3er-Reihe
- ○ sicher nicht bei Rot
- ○ eine Zahl mit Z und E ist wahrscheinlich

83 Wie muss es aussehen? Beschrifte und bemale das
👑 Glücksrad so, dass die Aussagen alle zutreffen! Es hält ...

▶ ... möglicherweise bei 5 oder 10.

▶ ... wahrscheinlich bei einem Teiler von 12.

▶ ... wahrscheinlich bei Orange.

▶ ... sicher bei Gelb oder bei Orange.

Hinweis: Es gibt viele Möglichkeiten. Finde eine passende.

84 Zerteilte Körper: Füge sie wieder richtig zusammen.

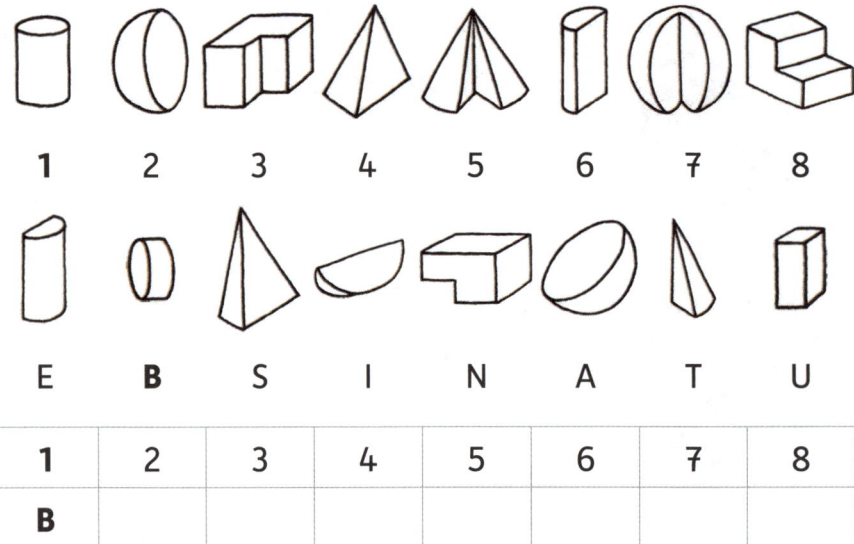

1	2	3	4	5	6	7	8
B							

85 Der rechte Winkel

So kannst du ganz einfach
einen rechten Winkel herstellen:

Nimm ein Blatt Papier und
falte zuerst eine gerade Kante:

Dann falte es noch einmal. Lege die
1. Falte dabei genau aufeinander:

So entsteht in der Ecke ein RECHTER WINKEL!

Im rechten Winkel
treffen zwei Linien oder
Kanten genau senkrecht
aufeinander.

Tipp: Überprüfe mit diesem einfachen Winkelmesser,
wo überall rechte Winkel sind.
Beispiele: Fenster, Regal, Tür ... Du findest sicher eine Menge!

86 Kennst du diese Körperformen? Ergänze.

Name	Bild	Beschreibung	
_____		____ Flächen **8** Ecken ____ Kanten	**24** rechte Winkel
Quader		____ Flächen ____ Ecken **12** Kanten	____ rechte Winkel
_____		____ Flächen **1** Spitze ____ Kante	____ rechte Winkel
_____		**3** Flächen ____ Ecken ____ Kanten	____ rechte Winkel
_____		____ Fläche **0** Ecken **0** Kanten	**0** rechte Winkel
_____		____ Flächen **5** Ecken ____ Kanten	____ rechte Winkel

87 Welche Körper sind da versteckt?
Spure sie verschiedenfarbig nach!

Eine Form von oben ist nicht dabei.

Es fehlt _____.

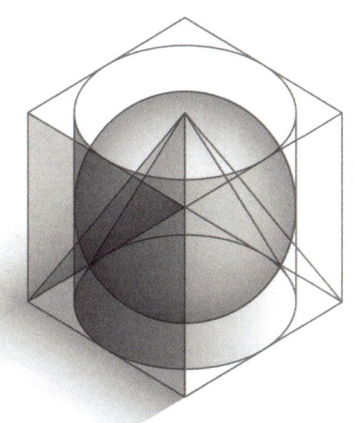

55

88 Ein Blick **von unten**.

Welche **Körperformen** können das sein? Es gibt mehrere Möglichkeiten!

89 Verschiedene Ansichten: Wer sieht was?

Auf der Rückseite findest du einen Würfel zum Ausschneiden.

90 Baue selbst einen Würfel
aus Zahnstochern und Knete!

Wie viele Zahnstocher brauchst du? _____

Wie viele Kugeln aus Knete musst du formen? _____

Tipp: Versuche auf diese Art noch andere **Kantenmodelle** zu bauen!
Welche Körperformen eignen sich dafür gut?

91 Baue einen Würfel aus dem Würfelnetz:

1. an der Außenlinie **ausschneiden**
2. alle Linien genau **falten**
3. Laschen **unterschieben** und **festkleben**

Trainiere deinen Körper!
Würfle 1 Mal und nimm die Körperhaltung ein!
Schaffst du es, sie 30 Sekunden lang zu halten?

92 Würfelnetze: Welche von den beiden weißen
Seitenflächen gehört jeweils noch dazu? Male an!

93 Würfelknobelei:

Die gegenüberliegenden Würfelzahlen ergeben zusammen **immer 7**. Welche Zahl ist jetzt auf der anderen Seite?

Zeichne die unsichtbaren Augenzahlen!

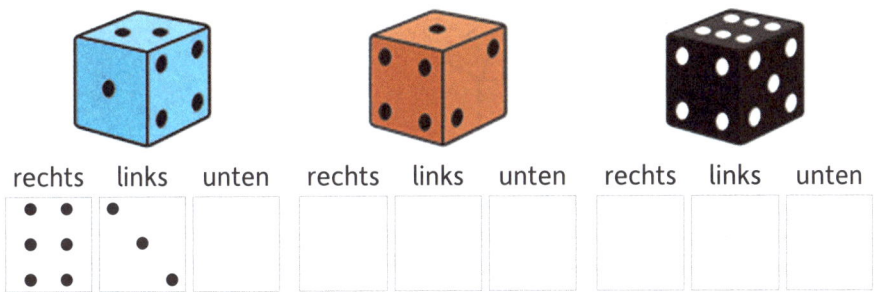

rechts	links	unten	rechts	links	unten	rechts	links	unten

94 Wo kommt die Maus an? Sie beginnt jedes Mal bei **A**. Spure die Wege nach und nenne die erreichte Ecke:

Sie geht nach rechts, nach oben, nach links: ___

Sie geht nach oben, nach rechts, nach unten: ___

Sie geht nach oben, nach links, nach rechts, nach unten: ___

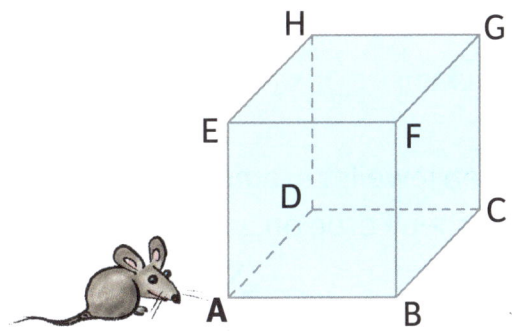

Wenn die Maus ab A nur an **genau zwei Kanten** entlanglaufen darf, kann sie die Ecke _____ nie erreichen.

1 Wo findest du hier:
Quader **Würfel** **Kegel** **Zylinder** **Pyramiden**?
Male sie mit den entsprechenden Farben aus.

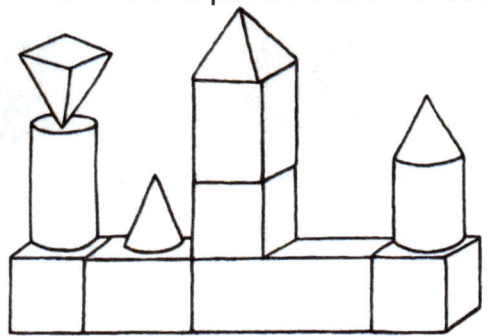

◯/6

2 Welche Körperform ist gemeint? Sie hat ...

6 Quadrate: _____ .

lauter Rechtecke: _____ .

2 Kreise + 1 eingerolltes Rechteck: _____ .

1 Kreis als Grundfläche + eine Spitze: _____ .

1 Quadrat + 4 Dreiecke: _____ .

◯/5

3 Welche **3 Teile** passen jeweils zusammen?
Male sie mit der gleichen Farbe an.

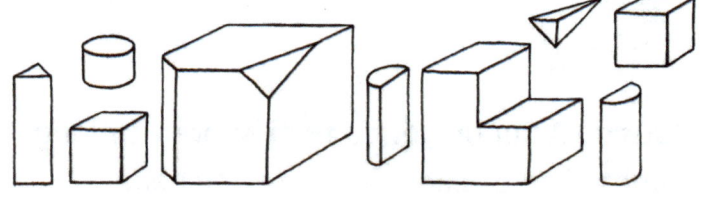

◯/3

4 Fünf Leute wollen Tennis spielen: immer eine Person gegen eine Person.
Wie viele verschiedene Paarungen sind möglich?

A   B   C   D   E

A: Es gibt _____ verschiedene Möglichkeiten.   ⚪ /6

5 Oma Anna hat drei erwachsene Kinder, von denen jedes selbst je zwei Kinder hat, Annas Enkelkinder. Jedes Enkelkind schenkt Oma Anna drei Rosen zum Geburtstag.

F: _____

_____   ⚪ /1

R: _____   ⚪ /2

A: _____   ⚪ /1

Gesamt: ⚪ /24

Längenmaße

95 Wie lang ist es? Wandle in die angegebene Maßeinheit um.

1 cm = _____ mm   1 m = _____ cm   1 km = _____ m

96 Kennst du die Kommaschreibweise? Wandle um.

a 26 mm = _____ cm **I**

0,50 m = _____ cm **L**

15 mm = _____ cm **K**

1,62 m = _____ cm **O**

1000 m = _____ km **R**

0,5 km = _____ m **T**

520 cm = _____ m **E**

260 cm = _____ m **M**

600 m = _____ km **E**

b Ordne die Längenangaben von Aufgabe **96a**.
Beginne mit der **kürzesten Strecke**.
Ordne passend dazu zuerst die grünen, dann auch die
roten Buchstaben. Schreibe nur Buchstaben auf:

K ____ ____ ____   **M** ____ ____ ____ ____

97 Wie lang ist es zusammen? Achte auf das Komma!

				,			m
	1	,	2	5	m		
+	2	,	5	0	m		

			,			m
	3	,	8	6	m	
+	1	6	,	1	4	m

	8	8	,	3	5	m
	7	2	,	5	0	m
+	3	9	,	7	5	m

98 Puzzle: Finde gleich lange Strecken.

Die Puzzleteile zum Ausschneiden findest du auf Seite 83 unten.

2,5 m	2,5 cm	5 m	550 cm
50 mm	5 mm	65 cm	6 m 25 cm
1000 m	1000 mm	125 cm	1 m 50 cm

99 Achtung:
Gemischte Längenangaben!

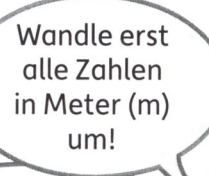

Wandle erst alle Zahlen in Meter (m) um!

z. B.:
1 m 20 cm = 1,20 m
oder 120 cm

a 20 cm + 0,50 m + 3 m 10 cm

b 95 m + 0,5 km + 240 m

c 20 m – 4 m 35 cm

a)		**b)**		**c)**	
0, 2 0 m		9 5 m			
0, 5 0 m		m		, m	
+ 3, 1 0 m	+	m	–	, m	
———		———		———	
3, 8 0 m					

Wenn es zu schwierig ist, hilft dir der Lösungsteil beim Umrechnen!

100 Theo und Paul wohnen 340 m auseinander.

a Theo holt Paul auf dem Weg zur Schule ab.
Dann gehen sie noch einen halben Kilometer gemeinsam.
Wie weit ist Theos Schulweg insgesamt?

R: _____

A: _____

b Der Fußballplatz ist nur 200 m
von Theos Zuhause weg. Wie
weit radelt Paul zum Training,
wenn er Theo vorher abholt?

R: _____

A: _____

101 Auf dem Rasen steckt der Trainer fürs
Lauftraining ein Quadrat mit 50 m
Seitenlänge ab. Die Kinder
laufen 5 Minuten lang und
zählen die Runden. Theo läuft
1000 m weit. Paul schafft viereinhalb Runden.

Wer hat in den 5 min die längere Strecke zurückgelegt?

R: _____

_____

A: _____

Gewichte

102 Wie schwer ist es? Gib es in der anderen Maßeinheit an.

1000 g	= _____ kg		_____ kg	= 1 t	
1 halbes Kilo	= _____ g		1 halbe Tonne = _____ kg		
_____ g	= 0,750 kg		500 kg	= ___ , ___ t	

103 Was wiegt ungefähr 100 g – 1 kg – 1 t?
Kreise es jeweils mit der passenden Farbe ein:

104 Waagen im Gleichgewicht: Ergänze, was fehlt.

Butter: _____   Nudeln: 500 g

105 Gewichte mit Komma und als gemischte Angaben:

2500 g	= __ , ____ kg	2,3 kg	= __ kg ____ g =	_____ g
6 kg 500 g	= __ , ____ kg	10 · 100 g	= _____ g =	__ kg
500 g	= __ , ____ kg	3 · 250 g	= _____ g =	__ , ____ kg
650 g	= __ , ____ kg	5 kg : 5	= _____ kg =	_____ g

> Rechne das Gesamtgewicht aus! Es gibt immer 2 passende Rechenwege!

106 Wie schwer ist es zusammen?

5 Tafeln Schokolade zu je 100 g	$100\,g + 100\,g + 100\,g + 100\,g + 100\,g$ = _____ g $100\,g · 5$ = _____ g = ____ kg
Fünf 200g- Stücke Käse	$200\,g +$ _____ + _____ + _____ + _____ = _____ $200\,g · 5$ = _____ g = ____ kg
Zwei 500 g- Nudel- packungen	_____ g + _____ g = _____ g $500\,g · 2$ = _____ g = ____ kg
3 Päckchen Butter zu je 250 g	_____ + _____ + _____ = _____ _____ = _____

107 Lina kauft 2,5 kg Kartoffeln, 1 kg Karotten, ein halbes Kilo Spinat, 4 Schnitzel zu je 200 g und drei 150 g-Becher Jogurt. Ihre Tasche hält 5 kg aus. Kann sie alles in dieser Tasche nach Hause tragen?

R:

A: _____

108 Bauer Bolle erntet 30 t Kartoffeln vom Feld. Die Hälfte der Ernte kauft ihm die Chips-Fabrik ab. Er selbst verkauft am Hof 1 t Kartoffeln, abgepackt in 2 kg-Säcken. Der Rest wird zum Großmarkt gefahren.

a Wie viel bringt er zum Großmarkt?

R: _____

A: _____

b Wie viele Säcke Kartoffeln bietet er direkt ab Hof an?

R: _____

A: _____

Diagramme und Tabellen

109 **Zwei Mathematik-Tests** in der 3a (Alle Kinder sind da.)
Vergleiche die Ergebnisse **am Säulendiagramm.**

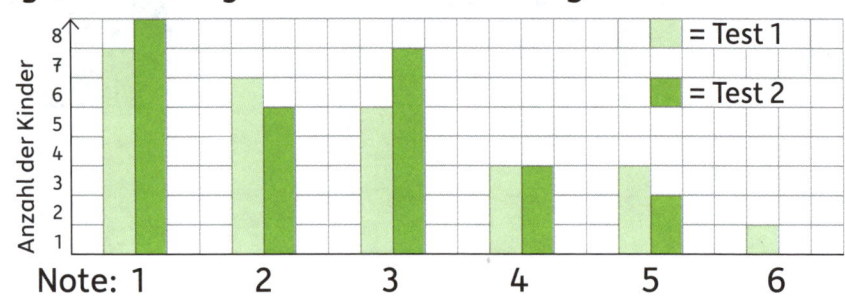

a In beiden Tests kam die Note _____ am häufigsten vor.

b Die Note _____ gab es beide Male gleich oft.

c Die Note _____ gab es beim 2. Test gar nicht mehr.

d In die 3a gehen _____ Kinder.

110 In die 3b gehen 23 Kinder. Fülle die Tabelle fertig aus.
Zeichne dann selbst ein Säulendiagramm mit zwei Farben.

	Note 1	Note 2	Note 3	Note 4	Note 5	Note 6
1. Test	8-mal	4-mal	7-mal	2-mal	___-mal	2-mal
2. Test	7-mal	___-mal	5-mal	1-mal	2-mal	1-mal

111 Lies die Tabelle und das Balkendiagramm genau.
Beide sind unvollständig.

a Ergänze und male, was fehlt.

	3a	3b	3c	3d	3. Klassen insgesamt
insgesamt	22			23	94
Mädchen		15			48
Jungen		10		12	

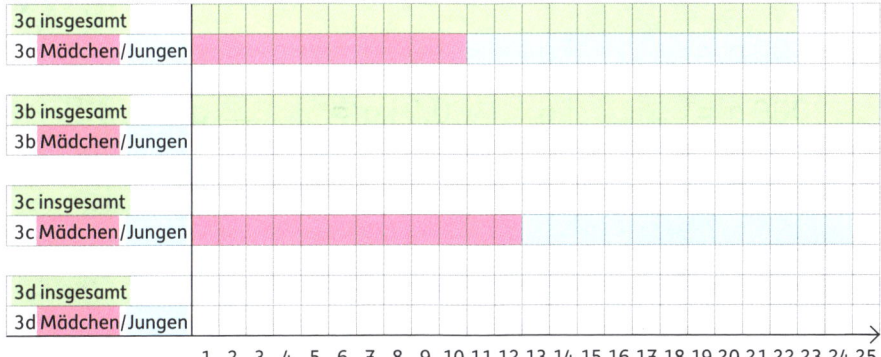

3a insgesamt
3a Mädchen/Jungen

3b insgesamt
3b Mädchen/Jungen

3c insgesamt
3c Mädchen/Jungen

3d insgesamt
3d Mädchen/Jungen

1 2 3 4 5 6 7 8 9 10 11 12 13 14 15 16 17 18 19 20 21 22 23 24 25
Anzahl der Kinder

b Die 4. Klassen haben insgesamt 19 Kinder weniger.
In jede der drei 4. Klassen gehen gleich viele Kinder.
In der 4a und 4b gibt es einen Jungen mehr als Mädchen,
in der 4c ist es umgekehrt. Trage alle Zahlen ein.

	4a	4b	4c	4. Klassen insgesamt
insgesamt		25		
Mädchen		12		
Jungen		13		

69

Test 6: Längenmaße, Gewichte, Diagramme

1 Rechne um: Längenmaße

400 m = _____ km   300 cm = _____ m

0,8 m = _____ cm   80 cm = _____ mm

120 mm = _____ cm   12 cm = _____ m

◯/6

2 Rechne um: Gewichte

700 g = _____ kg   500 g = _____ kg

1000 g = _____ kg   0,9 kg = _____ g

0,4 kg = _____ g   4 · 250 g = _____ kg

◯/6

3 Hanna, Ben und Yuri wiegen ihre Schulranzen: Hannas Ranzen wiegt 900 g weniger als der von Yuri. Bei ihm zeigt die Waage genau 2 kg. Ben trägt doppelt so viel wie Hanna.

Zeichne ein Balkendiagramm:

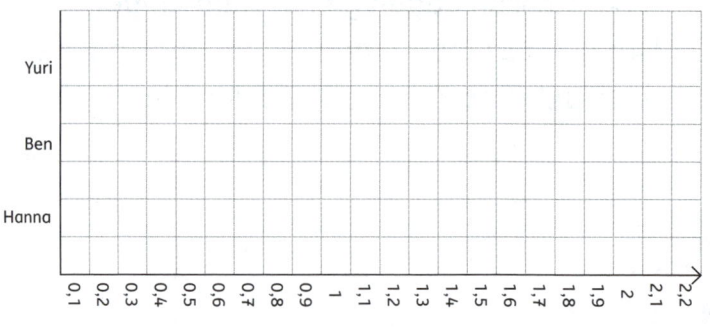

◯/3

4 Der Spielplatz bekommt 3 neue Schaukeln:
Eine soll 40 cm, die mittlere 50 cm und die dritte 60 cm über dem Boden hängen. Der Balken ist 3 m hoch.

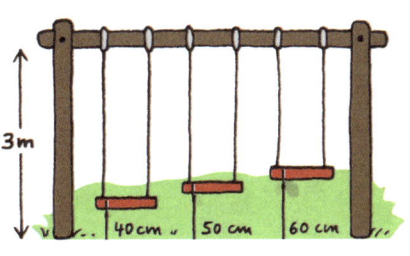

Welche Länge müssen die Ketten insgesamt haben, die zum Aufhängen der Schaukeln benötigt werden?

R:

A: _____

Gesamt:

/7

/1

/23

112 Zähle das Geld.

> 500-Euro-Scheine werden nicht mehr neu hergestellt. Sie sind aber immer noch gültig.

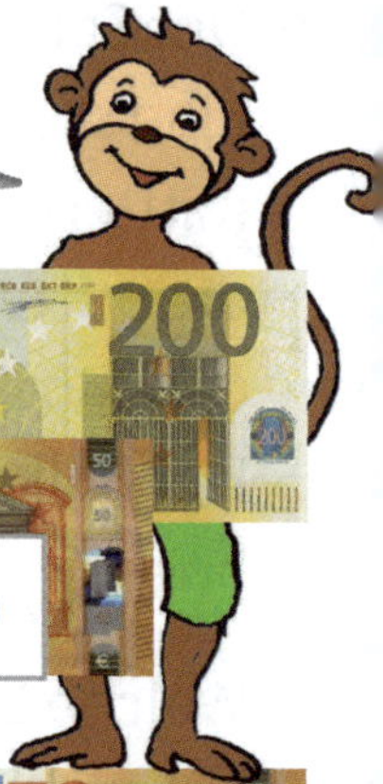

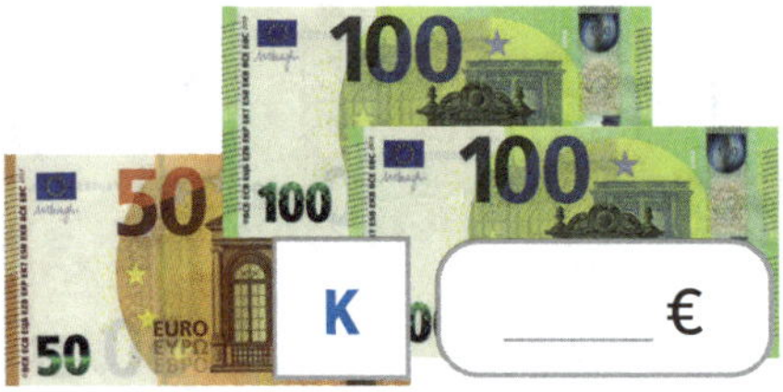

K _____ €

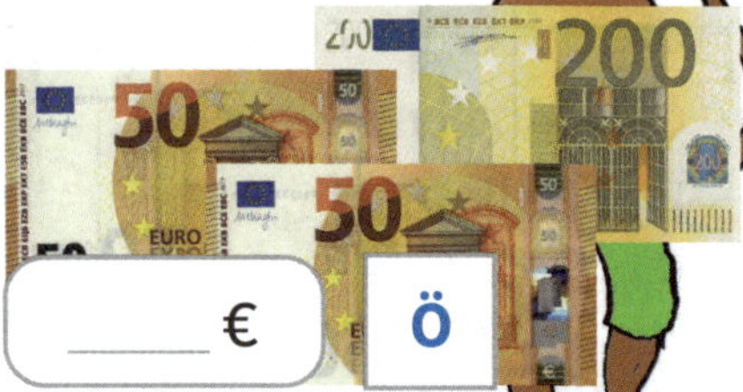

_____ € Ö

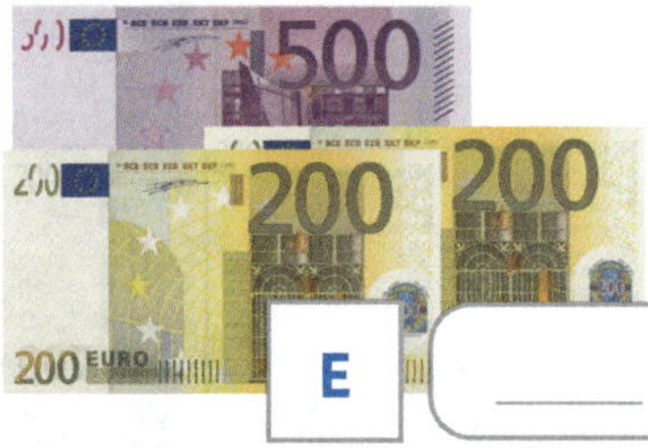

E _____ €

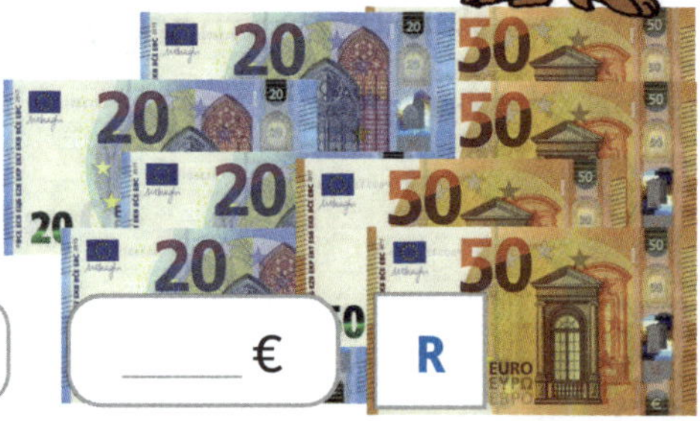

_____ € R

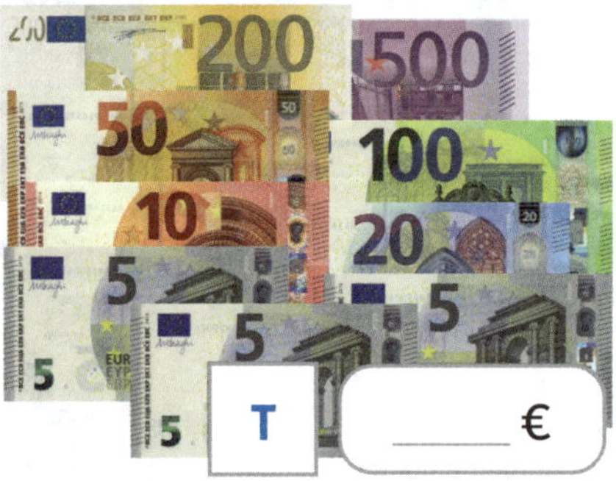

T _____ €

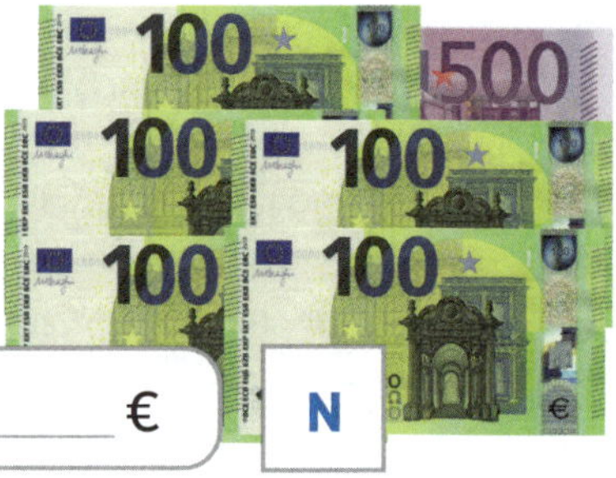

_____ € N

Finde das Lösungswort (TIPP: ein anderes Wort für „GELD"), indem du die Geldbeträge ordnest. Beginne beim kleinsten Betrag.

_____ < _____ < _____ < _____ < _____ < _____

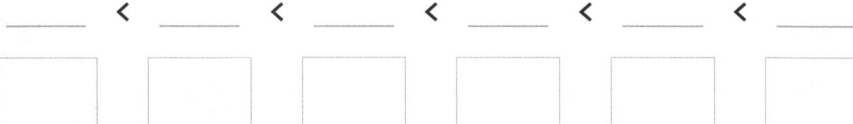

113 Kennst du die Kommaschreibweise? Wandle um.

409,08 € = **409 € 8 ct**   799,20 € = _____

433,34 € = _____   987,65 € = _____

914,00 € = _____   642,46 € = _____

Und umgekehrt – Beachte die 0 bei weniger als 10 ct:

450 € 50 ct = **450,50 €**   145 € 95 ct = _____

  10 € 9 ct = _____   300 € 412 ct = _____

505 € 5 ct = _____   899 € 101 ct = _____

   0 € 7 ct = _____   6 € 500 ct = _____

114 Wie viel fehlt noch?

Beachte die Schreibweise!

250 € + 47 € + _____ € = 300 €

245 € + 145 € + _____ € = 500 €

355 € + 355 € + _____ € = 900 €

514 € + 126 € + _____ € = 700 €

777 € 50 ct + _____ € _____ ct = 800 €

450 € 50 ct + 49 € 50 ct + _____ € = 600 €

266 € + 33 € 80 ct + _____ € _____ ct = 400 €

400 € + 500 € + 50 € + 49,50 € + ___ , ___ € = 1000 €

115 Rechne schriftlich.

Auch beim Rechnen mit Kommazahlen müssen alle Stellen und die Kommas genau untereinander stehen.

	1	0	,	7	5	€
+	2	4	,	1	5	€

	3	8	9	,	9	0	€
+	3	1	7	,	1	0	€

	1	1	2	,	5	0	€
+	2	4	9	,	2	0	€

116 Jetzt schreibe alles selbst genau untereinander.

Wenn eine der Zahlen **gar keine Cent/kein Komma** hat, kannst du sie trotzdem mit Komma schreiben:
_____ **,00 €** !

459 € + 120,30 €   576,70 € + 333 €

	4	5	9	,	0	0	€
+	1	2	0	,	3	0	€

							€
+							€

400 € − 224,50 €   612,45 € + 316,84 €   1000 € − 829,95 €

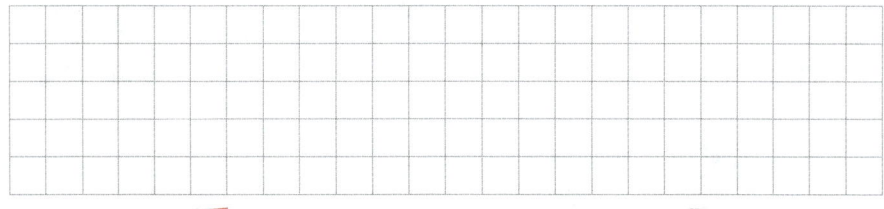

117 Was kostet zusammen 1000 €?

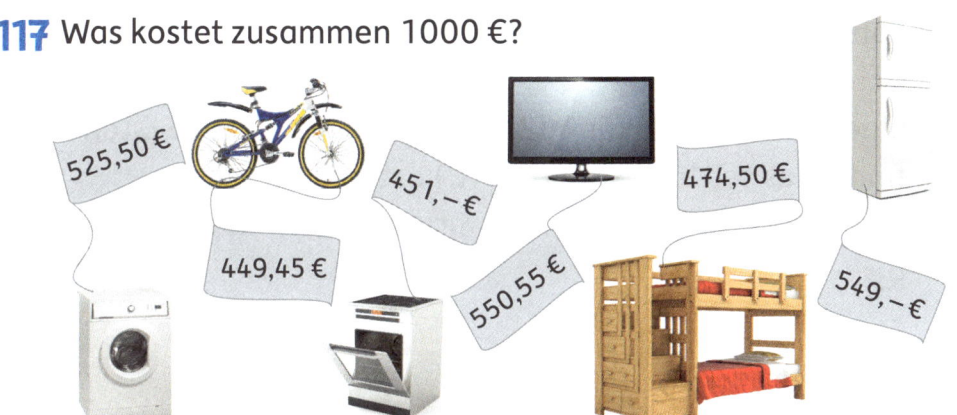

Waschmaschine	Fahrrad	_____
+_____	+_____	+_____

		5	2	5 ,	5	0	€
+							€
		1	0	0	0 ,	0	0	€

						€
+						€
		1	0	0	0 ,	0	0	€

					€
+					€
		1	0	0	0	€

118 Malnehmen: Wie viel kosten ...

3 Kugeln Eis: **3 · 0,90 € = 3 · 90 ct = 270 ct = 2,70 €**

3 Lollis: _____

5 Kakaotüten: _____

4 Bratwürste: _____

Bratwurst	Kakao	Eis	Lollis
Stück 2,50 €	Trinktüte 1,50 €	Kugel 0,90 €	Stück 0,70 €

119 Fabian bekommt neue Möbel für sein Kinderzimmer. Er hat sich ein Bett für 334,90 €, einen Schrank für 317,50 € und einen Schreibtisch für 162,50 € ausgesucht. Seine Eltern finden, es soll höchstens 800 € kosten.
Kann Fabian alle Möbel bekommen, die er haben will?

R:

A: _____

_____

120 Familie Koch verbringt 1 Woche am Meer. Jede der 7 Übernachtungen kostet für alle 105 €. Sie nehmen Einkäufe für 46,57 € mit und kaufen am Urlaubsort noch für 116,13 € ein. Außerdem gehen sie zweimal Pizza essen. Das kostet einmal 48 € und das andere Mal 53 €. Wie viel Geld geben sie für Unterkunft und Essen aus?

R:

A: _____

Uhr und Zeit

121 Wie spät ist es? Schreibe beide Uhrzeiten dazu.

07.20 Uhr   **01.50** Uhr   **06.08** Uhr   _____ Uhr   _____ Uhr

19.20 Uhr   _____ Uhr   _____ Uhr   _____ Uhr   _____ Uhr

_____ Uhr   _____ Uhr   _____ Uhr   _____ Uhr   _____ Uhr

_____ Uhr   _____ Uhr   _____ Uhr   _____ Uhr   _____ Uhr

122 Zeichne die Zeiger ein.

Stundenzeiger **rot**, Minutenzeiger **blau**!

123 Stunden, Minuten und Sekunden

1 Stunde = _____ Minuten   1 Minute = _____ Sekunden

1 h = _____ min   1 min = _____ sec

Rechne um:

2 h = _____ min   120 sec = _____ min

5 h = _____ min   180 sec = _____ min

½ h = _____ min   600 sec = _____ min
(eine halbe Stunde)

124 Die Uhrzeit wird anders angezeigt als gesprochen.
Schreibe dazu, wie du zu der Uhrzeit sagen musst.

 **4** Uhr **59** und

55 Sekunden

 **8** Uhr _____ und

_____ Sekunden

 _____ Uhr _____ und

_____ Sekunden

 _____ und

_____ Sekunden

 _____ und

_____ Sekunden

 _____ und

_____ Sekunden

 _____ und

_____

 _____ und

_____

125 Wie viel Zeit ist vergangen?

a in Minuten:

_____ min   _____ min   _____ min   _____ min

b in Stunden:

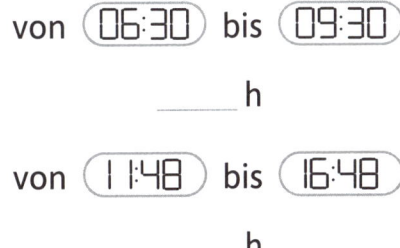

von (06:30) bis (09:30)   von (08:17) bis (12:17)

_____ h   _____ h

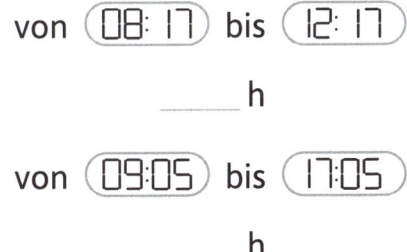

von (11:48) bis (16:48)   von (09:05) bis (17:05)

_____ h   _____ h

c in Stunden und Minuten:

von (12:15) bis (15:30)   von (07:45) bis (10:00)

_____ h _____ min   _____ h _____ min

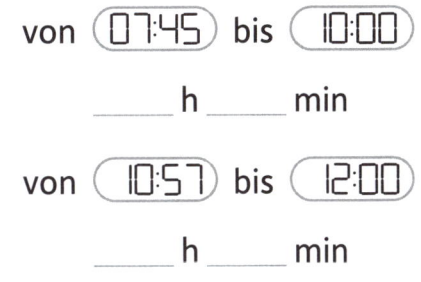

von (14:50) bis (15:05)   von (10:57) bis (12:00)

_____ h _____ min   _____ h _____ min

126 Der Schultag beginnt wie immer um 8 Uhr.

a Beim Gong um 13 Uhr hatten die Kinder genau 4 h 30 min Unterricht.

Wie lang war die Pausenzeit insgesamt?

R: _____

A: _____

b Martin hat um 13.00 Uhr eine halbe Stunde Mittagspause. Danach geht er noch für 45 Minuten in den Computerkurs.

Wann ist der Computerkurs zu Ende?

R: _____

A: _____

c Für die 3b endet der Unterricht freitags um 11.20 Uhr.

Wie viel Unterrichtszeit ist dann vergangen, wenn zwischendurch 20 min Pause war?

R: _____

A: _____

Test 7: Rechnen mit Zeiten

Kennst du dich auf dem **Zugfahrplan** aus?

Hochberg	14.45	→ danach **1-mal pro Stunde** bis ... → (immer genau jeweils 1 h später)	20.45
Niederstadt	14.59		20.59
Burgdorf	15.20		21.20
Sonnach	15.38		21.38
Windau	15.52		21.52

1 Die Fahrt von Hochberg nach Windau dauert
_____ h _____ min.

/1

2 Von Niederstadt nach Sonnach fährt man
_____ min.

/1

3 Der Zug **nach** 17.00 ab Burgdorf geht um
_____ Uhr.

/1

4 Susi ist um 18.25 Uhr am Bahnhof in Sonnach
und will nach Windau. Sie muss noch _____ min
warten.

/1

5 Am Sonntag kommt Papa mit dem vorletzten
Zug um _____ Uhr in Windau an.

/1

6 Wegen Bauarbeiten dauert nächste Woche die
Fahrt von Hochberg nach Niederstadt 5 min
länger als sonst. Man braucht also nicht wie
sonst _____ min, sondern _____ min.

Gesamt:

/2

/7

81

Stichwortverzeichnis

zu
46

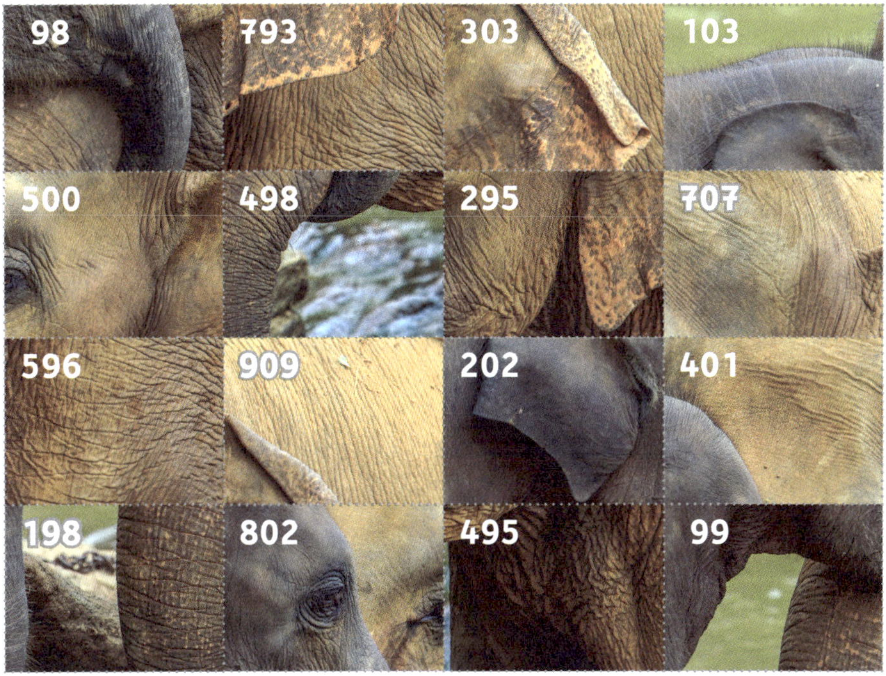
98
793
303
103
500
498
295
707
596
909
202
401
198
802
495
99

zu
98

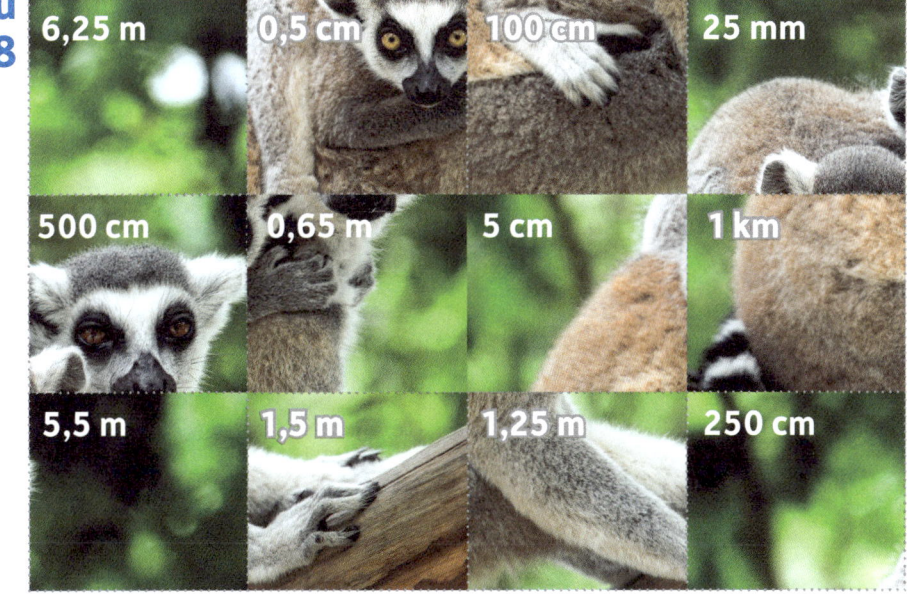

6,25 m
0,5 cm
100 cm
25 mm
500 cm
0,65 m
5 cm
1 km
5,5 m
1,5 m
1,25 m
250 cm